उदय प्रकाश

प्रतिनिधि कविताएँ

सम्पादक
आर. चेतनक्रांति

राजकमल पेपरबैक्स

राजकमल पेपरबैक्स में
पहला संस्करण : 2023

राजकमल पेपरबैक्स : उत्कृष्ट साहित्य के जनसुलभ संस्करण

राजकमल प्रकाशन प्रा.लि.
1-बी, नेताजी सुभाष मार्ग, दरियागंज
नई दिल्ली-110 002
द्वारा प्रकाशित

शाखाएँ : अशोक राजपथ, साइंस कॉलेज के सामने, पटना-800 006
पहली मंजिल, दरबारी बिल्डिंग, महात्मा गांधी मार्ग, प्रयागराज-211 001

वेबसाइट : www.rajkamalprakashan.com
ई-मेल : info@rajkamalprakashan.com

विकास कंप्यूटर एंड प्रिंटर्स
ट्रॉनिका सिटी-201 102
द्वारा मुद्रित

मूल्य : ₹150

PRATINIDHI KAVITAYEIN
Representative Poems of Uday Prakash

ISBN : 978-81-19028-42-9

अवांछनीय का अस्वीकार

चलिए मैं भी पूछता हूँ
क्या माँगूँ इस ज़माने से मीर
जो देता है भरे पेट को खाना
दौलतमंद को सोना
हत्यारे को हथियार
बीमार को बीमारी, कमज़ोर को निर्बलता
अन्यायी को सत्ता
और व्यभिचारी को बिस्तर
पैदा करो सहानुभूति
कि मैं अब भी हँसता हुआ दिखता हूँ
अब भी लिखता हूँ कविताएँ

(सहानुभूति की माँग, 'रात में हारमोनियम')

दुनिया में व्याप्त अन्याय और ओछेपन की अटूट अनुभूति उनके रचनाकार को हमेशा इतना सतर्क रखती है कि वे जब भी कोई पंक्ति लिखें वह संसार के अवांछनीय को सीधे-सीधे कहे कि तुम हमारे चारों ओर हो, स्वीकृत हो, प्रचलित हो, पुरस्कृत हो, सब-कुछ हो, लेकिन वांछनीय नहीं हो। यह अविराम चौकन्नापन ही वह चीज़ है जो उदय प्रकाश के कवि को उनके इतने बड़े कथाकार की विराट मौजूदगी के बावजूद लगातार ध्यानाकर्षक बनाती है।

यह भी कह सकते हैं कि सजगता का यही पूर्ण वलय शायद उनकी कहानियों की छांदस परिपूर्णता का भी आधार होगा। जीवन के दुःख और संसार के करुण तथा हास्यास्पद अधूरेपन को आम लेखकीय कौशल और चतुराइयों से उतने समूचेपन में नहीं पकड़ा जा सकता जैसे उन्होंने अपनी कहानियों में किया है, और जिसकी तारतमिक उपस्थिति से उनकी कविताएँ कई बार बहुत सरल-सीधी होकर भी अपने दार्शनिक तनाव को बचाए-बनाए रखती हैं।

ये जो शब्द हैं, और लिपियाँ
ये भी हमारे हैं
अपनी मृत्यु के भय या जीवित रह पाने के आश्चर्य
और उल्लास में
हमने ही इन्हें रचा है
इनसे ऐसा काम मत लो ताकतवरों...

(पंटून पुल, 'एक भाषा हुआ करती है')

ताक़त की हरतरफ़ा मौजूदगी शायद उन कारकों में प्रमुख है जो मनुष्यता के पक्ष में खड़े किसी भी संवेदनशील मन को लगातार सतर्क रखते हैं। उदय प्रकाश की कविताओं में ताक़त एक केन्द्रीय बिम्ब की तरह आती है। ताक़त और उसका संकीर्ण वृत्त—यह अपनी आक्रामकता में दूर से दीखता है लेकिन कई बार नहीं भी दीखता। यहीं हमें ताक़त के सामने अपनी असहायता को चीन्ह सकने वाली निगाह की ज़रूरत होती है। उदय प्रकाश ने अपनी कविताओं में ताक़त और ताक़तवरों को कई तरह से पहचाना है, कहीं उनके हत्यातुर अमानवीय उछाह से, कहीं उनके असीम लालच से, कहीं ख़रीदने-बेचने की उनकी कारीगरी से, और कहीं सिर्फ़ उनके मसख़रेपन से जिसे वे ताक़त से छलकते किसी की भी निर्णायक विशेषता के रूप में देखते हैं।

इसलिए शायद मसख़रे उनकी अनेक कविताओं में आते हैं। कला-संस्कृति की दुनिया में मठाधीशी करने वाले मसख़रे, सत्ता-शिखरों पर विराजमान मसख़रे, 'अन' प्रत्यय पर समाप्त होने वाली अनेक क्रियाओं, मसलन उद्घाटन, शासन और प्रजनन आदि में लिप्त मसख़रे यानी वह हर कोई जो समाज के शक्ति-केन्द्रों की छाया में दे दिए गए जीवन की सुरक्षित रूढ़ियों का निर्वाह ऐसी गम्भीरता से कर रहा है जिसे अगर दूसरे सिरे से देखें तो हँसी फूट पड़े।

उदय प्रकाश की अनेक कविताओं का उत्स यही दूसरा सिरा है जो ताक़त के स्थापित केन्द्रों और अतिरिक्त क्रियाशीलता के परदे में छिपे मसख़रेपन की चीर-फाड़ करते हुए सभ्यता को उलट कर देखता है और इस तरह हम कहीं ज़्यादा आसानी से उसके विरोधाभासों और विडम्बनाओं को भी देख पाते हैं। मसलन, 'अबूतर-कबूतर' संग्रह की 'दरवाज़ा' शीर्षक कविता मनुष्य की समूची यात्रा को उसके आज में खड़े होकर पीछे की ओर देखती है। आज जहाँ हमारे पास एक घर है और उसमें एक दरवाज़ा। दरवाज़ा यहाँ एक प्रतीक है उस पूरे सफ़र का जो आदमी ने घर बनाने और उसमें एक दरवाज़ा लगाकर सुरक्षित महसूस करने के लिए किया। यह कविता बताती है कि दरवाज़ा जिस काठ से बना है, उसका अपना भी एक इतिहास है। जिस पेड़ से वह काठ आया उसका भी और जिस जंगल में वह रहा, उसका भी। उस इतिहास में ख़ून है, बनैले दाँत हैं। रात में जब हम सो जाते हैं, वह अपने उस पूरे इतिहास को याद करता है।

आधी रात दरवाज़े की काठ में
बनैले पशुओं का ख़ून दौड़ता है
गुर्राता हुआ...
पेड़ की जड़ों में दफ़न हुए बच्चे रोते हैं

बीच जंगल में मरी हुई स्त्रियों की आत्माएँ
कराहती और टहलती हैं।

(दरवाज़ा, 'अबूतर-कबूतर')

चीज़ों के स्थापित और ढीठ वर्तमान को जितनी अपेक्षा की जाती है उससे कम गम्भीरता से देखने का कौशल जुटाना भी उस सब कुछ से आज़ाद होने का तरीक़ा है जो हमें भीतर-बाहर से अपना गुलाम बनाए हुए है, जो हमारी कल्पना को अपने जाने-पहचाने दायरों से बाहर नहीं निकलने देना चाहता और जो हमें हमारे हर उस साहस से रहित कर देता है जो दुनिया का एक विकल्प रचने-सोचने के लिए ज़रूरी है। इस साहस की ज़रूरत हमारे देखने को सबसे पहले पड़ती है : कि हम जो मौजूद है और जिसकी मौजूदगी को ही उसकी वैधता का पैमाना मान लिया गया, एक बार सन्देह से देखें, बिलकुल वैसे जैसे उदय प्रकाश अपनी एक कविता में पैसे को देखते हैं जो नए जन्मे बच्चे की तरह एक दिन हथेली पर गिरता है और धीरे-धीरे हमें अपने ही हाड़-मांस का विस्तार लगने लगता है।

वह वहीं था
मेरी मुट्ठियों में
धीरे-धीरे खनखनाता हुआ
मेरी नसों को पीकर
बड़ा होता हुआ

ठनकता हुआ वह
छोटा-सा गोल-मटोल
अब पत्नी की छाती पर था
उसे सोखकर बढ़ता

(पैसा, 'सुनो कारीगर')

पैसे को लेकर एक संकोच-भाव हमारे सांस्कृतिक बोध का हिस्सा है लेकिन यह कविता मनुष्य-जीवन में उसके होने की गतिकी को पकड़ने की कोशिश करती है। वह सुखों का साधन है लेकिन एक सीमा भी है। एक दिन उसे वापस बाहर कूदने से रोकने के लिए हमें अपना दरवाज़ा बंद कर देना पड़ता है जो और बहुत सारी संभावनाओं की राह को भी रूद्ध कर देता है।

हमें यकायक लगने लगा
कि उसमें हमारे अपने शरीर की गंध है
उसकी खनखनाहट में
हमारे पिछले दिनों की थकान
गूँज रही है

हमारे चेहरे पथरा चुके थे
पत्नी का चेहरा सख़्त और भावहीन था
कहीं कोई हलचल नहीं थी

(वही)

यह पैसे का विरोध नहीं है, उसको पुनर्विचार के दायरे में लाने का आह्वान भर है। और इतने से ही हम जैसे विकास की उस अवधारणा पर फिर से सोचने के क़रीब पहुँच जाते है जो लगातार हमें एक तरफ़ से अगर आगे बढ़ाती है तो दूसरी तरफ़ उतना ही पीछे भी कर देती है। जिससे बहुत कुछ बदलता दिखता है लेकिन अन्ततः बदलता तो कुछ भी नहीं। न उससे हम कम हिंसक हुए हैं, न ही कम अत्याचारी। बच्चों की तरह भविष्य लगातार ख़तरे में है, और वर्तमान की देह पर यहाँ से वहाँ तक औरतों का ख़ून बिखरा पड़ा है।

एक औरत अपने बच्चे को नहलाते हुए यों ही रोने लगती
है फूट-फूट कर

और चूमती है उसे पागल जैसी बार-बार
उसके भविष्य में अपने लिए कोई गुफा या कोई शरण
खोजती हुई
एक औरत के हाथ जल गए हैं तवे में
एक के ऊपर तेल गिर गया है कड़ाही का खौलता हुआ
अस्पताल में हज़ार प्रतिशत जली हुई औरत का कोयला
दर्ज कराता है
अपना मृत्यु-पूर्व बयान कि उसे नहीं जलाया किसी ने
उसके अलावा हर कोई है निर्दोष
ग़लती से उसके ही हाथों फूट गई किस्मत
और फट गया स्टोव्ह।

यह इस संकलन में शामिल 'औरतें' कविता का एक अंश है जो अपनी महाकाव्यात्मक विवरणीयता में पुरुष-गझिन हमारी इस दुनिया के समक्ष औरतों का एक प्रति-संसार रचती है, जहाँ सिर्फ दुःख है। धरती जिसे हम स्त्री के रूप में ही कल्पित करते हैं जैसे यहाँ इन असंख्य स्त्रियों के रूप में साकार हो उठती है जो इस कविता की हर पंक्ति में हमारी दुनिया के किसी बहुत जाने-पहचाने कोने से अपने आँसू या अपना ख़ून पोंछती हुई निकलती मालूम देती है और जैसे यही कहती हुई कि दुनिया को अगर बनाना ही था तो किसी और तरह नहीं कर सकते थे क्या!

विवरणीयता उदय प्रकाश की कई कविताओं को चामत्कारिक ढंग से असाधारण कर देती है जहाँ भाषा और दृश्यों की लय के चलते हम अपनी कल्पना को भी और उदार और खुला होते अनुभव करते हैं। 'छिपकली' शीर्षक एक चर्चित कविता को भी हम इसी श्रेणी में रख सकते हैं। इस कविता में हम अपनी दुनिया की पुनर्यात्रा छिपकली की निगाह से करते हैं और अपने सामाजिक-सांस्कृतिक-आर्थिक लोकों की उन जगहों से होकर गुज़रते

हैं जहाँ पर हमने विशेषत: छिपकली और सामान्यत: अपने से भिन्न किसी भी प्राणी के प्रवेश को निषिद्ध कर दिया है। और इन निषेधों को सही ठहराने के लिए हमारे पास कभी मृत्यु-भय होता है, कहीं सौन्दर्य के अपने पैमानों को हमने इतना संकीर्ण कर लिया है कि विविधताओं से परिपूर्ण एक बड़ा जगत ऐसे ही हमसे बाहर छूट जाता है। यही वह बिंदु है जहाँ छिपकली सिर्फ़ एक जीव नहीं रह जाती, सुसंस्कृत सभ्य प्रतीकों से दूर हाशिये पर पड़े असंख्य जन-गण का प्रतीक हो जाती है जिनमें हमारी नाक के ठीक नीचे मौजूद वंचित-दमित नागरिकों से लेकर बौद्धिक उत्सवों में अपने साभ्यतिक अपराधबोध से मुक्ति पाने को याद किए जाने वाले आदिवासियों तक को शामिल किया जा सकता है। शिक्षा के दंभ-दुर्ग में दोयम दर्जे के नागरिक, अशिक्षितों-ग्रामीणों-अन्त्यजों का विभाजन, जो हमारे भारतीय अहं का विशिष्ट आविष्कार है, उन्हें भी इनमें गिना जा सकता है। छिपकली के शब्द हैं :

आपकी कालीनों और तकियों के नीचे कभी नहीं पाए
जाएँगे हम
नहीं आएँगे आपके काव्यपाठ या व्याख्यान के दौरान
आपकी कुर्सियों या सभागार के गलीचों-पर्दों पर हम कहीं
चिपके हुए नहीं दिखेंगे क़सम से...
...छिपकलियाँ नहीं छिपी मिलेंगी आपके बैंक के लॉकरों या
आपके पर्स या जेब में...

(छिपकली, 'एक भाषा हुआ करती है')

लेकिन यही कविता अन्त में जैसे उपरोक्त असंख्य और उपेक्षित जन-गण की तरफ़ से एक चेतावनी भी दे जाती है, एक किंवदंती के माध्यम से जिसके अनुसार एक छिपकली मुसोलिनी की पतलून में घुस गयी थी, और,

शायद तभी से हर मुसोलिनी
एक मामूली छिपकली से डरता है।

(वही)

यह कविता कहीं हमें ही तो नहीं कह रही कि अपनी सुनियोजित विनम्रताओं के पीछे कहीं हम सब ही तो मुसोलिनी नहीं हैं! 'तानाशाह की खोज' शीर्षक एक कविता तो बाक़ायदा हमारे बीच आकर ही अगले तानाशाह को तलाश करती है। कविता बताती है कि आने वाला तानाशाह ज़रूरी नहीं कि वैसा ही दिखे जैसा वह हिटलर के रूप में हमारी यादों में बसा है। अब वह एक अलग ढंग का बिलकुल हमारे जैसा कोई भी हो सकता है, जिसने हमारी तमाम साधारणताओं को कुशलतापूर्वक अंगीकार कर लिया हो और, जो हो सकता है कि यह कहता हुआ आए :

कि मैं इस शताब्दी का
सबसे ज़्यादा छला गया व्यक्ति हूँ
और वह विनोबा भावे और संत तुकाराम के बारे में बात करे

...उसका चेहरा सफाचट हो, चेहरे में झुर्रियाँ हों...
वह भाषणों में करता हो चिड़ियों
और बच्चों को बेतहाशा प्यार

कहीं उसने बनवा दिया हो अस्पताल
...धर्मशाला, कोई नृत्य-केन्द्र,
कोई पुस्तकालय

(तानाशाह की खोज, 'अबूतर कबूतर')

कहने की ज़रूरत नहीं कि यह कविता जैसे तानाशाह का वर्णन करती है, वैसे किसी की मौजूदगी बीते सालों

में हम अक्सर अपने आसपास महसूस करते रहे हैं। एक किसी राजनेता या और किसी शक्तिवान के रूप में नहीं, बल्कि एक प्रवृत्ति के रूप में जो हमारे ही जैसे, हमारे ही बीच के अनेकों में भी जब-तब स्पष्ट दिख जाती है। ताक़त को ही तर्क बना लेने की हड़बड़ी, अहं-विस्तार के लिए अन्यों का निषेध, जल्दबाज़ हिंसा और पलक झपकते नशे की तरह चढ़ जाने वाली क्रूरता, आदि, सब हमारे रोज़मर्रा का हिस्सा हो चला है; जो बताता है कि कहीं न कहीं एक तानाशाह निर्माणाधीन है जो कभी भी उठकर आ सकता है।

इस संकलन में उदय प्रकाश की ऐसी कुछ कविताओं को एकत्र करने की कोशिश की गयी है जो कवि की अपनी विशेषताओं के साथ आज की चिन्ताओं को भी रेखांकित करती हैं। छंद की गहरी समझ उनके काव्य-सामर्थ्य का एक बड़ा पक्ष है। अक्सर उनके संग्रहों में एकाधिक छंद-बद्ध कविताएँ शामिल रहती आई हैं। ऐसी कुछ कविताएँ आप यहाँ भी देख सकेंगे। साथ ही उन कविताओं को भी यहाँ रखा गया है जो समय-समय पर चर्चित हुई हैं और जिन्हें बतौर कवि उदय प्रकाश की पहचान के साथ जोड़ा जाता है। अन्त में यह दोहराना बिलकुल ज़रूरी नहीं कि उदय प्रकाश को हमसे ज़्यादा आप जानते हैं जो वर्षों से उनके पाठक रहे हैं, और एक रचनाकार के रूप में उन्हें हिन्दी भाषा की उपलब्धि के रूप में देखते रहे हैं, जो वे निसन्देह हैं।

—आर. चेतनक्रांति

क्रम

रात में हारमोनियम

एक भाषा हुआ करती है

अम्बर में अबाबील

प्रतिनिधि कविताएँ

सुनो कारीगर

यह कच्ची
कमज़ोर सूत-सी नींद नहीं
जो अपने आप टूटती है

रोज़-रोज़ की दारुण विपत्तियाँ हैं
जो आँखें खोल देती हैं अचानक

सुनो, बहुत चुपचाप पाँवों से
चला आता है कोई दुःख
पलकें छूने के लिए
सीने के भीतर आने वाले
कुछ अकेले दिनों तक
पैठ जाने के लिए

मैं एक अकेला
थका-हारा कवि
कुछ भी नहीं हूँ अकेला
मेरी छोड़ी गई अधूरी लड़ाइयाँ
मुझे और थका देंगी

सुनो, यहीं था मैं
अपनी थकान, निराशा, क्रोध

आँसुओं, अकेलेपन और
एकाध छोटी-मोटी
ख़ुशियों के साथ

यहीं नींद मेरी टूटी थी
कोई दुःख था शायद
जो अब सिर्फ़ मेरा नहीं था

अब सिर्फ़ मैं नहीं था अकेला
अपने जागने में

चलने के पहले
एक बार और पुकारो मुझे

मैं तुम्हारे साथ हूँ

तुम्हारी पुकार की उँगलियाँ थामकर
चलता चला आऊँगा
तुम्हारे पीछे-पीछे

अपने पिछले अँधेरों को पार करता।

पिता

पिता
झाड़-झंखाड़, घाटियों और पत्थरों से भरे

चटियल मैदान थे।
पिता सागौन, शीशम, बबूल, तेंदुओं और हिरनों से भरे
बीहड़ थे।

बचपन में अक्सर
किसी ऊँचे टीले पर चढ़कर
मैं आस-पास के गाँवों में
ललकार दिया करता था।

नाके के पार
शहर तक में
पिता का रौब था।
एक-एक इमारत पर
उनकी कन्नियाँ सरकी थीं।
एक-एक दीवार पर
उनकी उँगलियों के निशान थे।
हर दरवाज़े के काठ पर
उनका रन्दा चला था।

नाके के इस पार
जहाँ से गाँव की वीरानगी शुरू होती है
हर खेत की कठोर छाती पर
पिता अपनी कुदाल
धँसा गए थे।
हल की हर मूठ पर
उनकी घट्टेदार हथेलियों की छाप थी।
हर गरियार बैल के पुट्ठों पर
उनके डंडे के दाग़ थे...

बचपन में
पिता के कन्धे पर बैठकर
मैं बाज़ार घूमने जाता था।

पिता पहाड़ की तरह
चलते भीड़ के बीच
उनके कन्धे पर मैं
जंगली तोते की तरह बैठा रहता।

बाद में पिता
ग़ायब हो गए
कहते हैं खेत, कुदाल,
बैल, इमारतें, ईंटें, दरवाज़े,
बाज़ार उन्हें पचा गए।

मुझे लगता है
उस चटियल मैदान
के भीतर (जो पिता थे)
ज़मीन की दूसरी-तीसरी पर्तों में
सरकता हुआ कोई
नम सोता भी था।

जो मेहनत करते
पिता की देह के अलावा
कभी-कभी मेरी आँखों से भी
रिसने लगता था।

बहेलिये

उनकी योजना है
एक उपवन हो हरा-भरा
दूर पश्चिम से वे चहचहाते पक्षी
बुलाएँ संगमरमर के जलाशय में
पुरइन के नीचे मछलियाँ हों
कई-कई महासागरों के रंग-बिरंगे
अनुभवों को पानी में बिखेरतीं

उनके योजना-पत्रों में
वृक्ष हैं हर देश के हर जंगल में हर मौसम
हर साल पैदा होने वाले

बहेलिये हैं वे
वे जो फूलों के कपड़े पहने
फूलों के रथ में आए हैं इधर

बहेलिये हैं वे

वे जिनके शब्द हैं बेहद कोमल
लचीले, नर्म कोंपलों की तरह
शहद जैसी हथेलियाँ हैं जिनकी
पगथलियाँ हैं
कमल की पंखुड़ियों-सी

अपने रोज़नामचे में
बच्चों, फूलों, पौधों, नदियों,
चिड़ियों के नाम दर्ज करते
मौसम के महीन से महीन परिवर्तनों पर
छन्द लिखते किशोरी अमोनकर और
कुमार गन्धर्व के गायन में
आह-आह करते

बहेलिये हैं वे बहेलिये

बूढ़े बरगद की आँखें धोखा
नहीं खा सकतीं

वे आए हैं इधर
हमारे मोहल्ले में, कविता में, कला में
तम्बू गाड़ दिया है उन्होंने अपना

वे आए हैं
फूलों के तीर-कमान
चिड़ियों की भाषा
बच्चों की हँसी
पौधों की हरियाली के साथ

विनम्र, मुलायम, धुले,
साफ़, सफ़ेद।
गुनगुनी रुई के फाहों के बीच
नींद लेती हैं उनकी आँखें
चिड़ियों के परों का
बिछलता-फिसलता तकिया
रहता है हरदम उनके दिमाग़ के नीचे

धीरे-धीरे
नन्ही-नन्ही घंटियों की तरह
बोलते एक-एक शब्द को
सहला-सहला कर
पोंछते-धरते
संवेदना की गहराइयों—
गहराइयों तक जाते-लौटते

वे बहेलिये हैं

एक न एक दिन
जब पहली बारिश की उमस के बाद
पौधे बढ़ना चाहेंगे, चिड़िया चहचहाना,
बच्चे हँसना, नदी बहना
लड़की जब लम्बे प्यार के बाद
ऊब कर ब्याह करना चाहेगी
वे अपने पैने दाँत निकालकर
गुर्राना शुरू कर देंगे

आख़िरकार
बहेलिये हैं वे।

पैसा

नये जन्मे बच्चे की तरह
वह मेरी हथेली पर गिरा

किसी महत्त्वपूर्ण घटना की तरह था
उसका गिरना मेरी हथेलियों पर
मैंने मुट्ठियों में उसे ज़ोरों से भींच लिया

वह वहीं था अपनी गुनगुनी आँच में
मेरे दिमाग़ तक रेंगता

फिर से नया, अद्भुत और अभूतपूर्व।
जैसे पुनर्जन्म—मैंने कहा।

मेरे कमरे में
भुनते हुए आटे की भाप थी
जीरे और प्याज की गन्ध में
शंख की तरह बजता वह था।

मैंने अपनी पत्नी के सैकड़ों वर्षों को
उसके चेहरे से पोंछ दिया
अब वह साफ़ थी
बच्चों के दूधिया दाँतों की तरह
ख़ुश और चमकदार

और अब घर में हम थे
एक-दूसरे को थरथराती आँखों से
घूरते
सैकड़ों वर्षों की थकान पर अपनी-अपनी
उँगलियाँ फिराते हम थे
और हमारा घर था
सिंचे हुए तन्दुरुस्त पेड़ की तरह
हहराता जिसकी हर टहनी पर

उम्मीदें थीं और नये-नये स्वाद
नई-नई छौंक में गमकते

वह वहीं था। मेरी मुट्ठियों में
धीरे-धीरे खनखनाता हुआ
मेरी नसों को पीकर
बड़ा होता।

ठनकता हुआ वह
छोटा-सा गोल-मटोल
अब पत्नी की छाती पर था
उसे सोख कर
बढ़ता।

उस पृथ्वी की तरह था
जिसे अपने स्कूल में
भूगोल की किताबों में
हमने पढ़ा था।

इसके पहले कि
वह उछलकर बाहर के अँधेरे में
ग़ायब होता
पत्नी ने और मैंने
दरवाज़े बन्द कर दिये
हमने अपने दाँतों के बीच
उसे रखा और खाने लगे

हमारे दाँतों के बीच वह था
समूची पृथ्वी की तरह।

अभूतपूर्व घटना और स्वाद की तरह
वह था।

हम उसे खाते रहे।

हमें यकायक लगने लगा
कि उसमें हमारे अपने शरीर की गन्ध है
उसकी खनखनाहट में
हमारे पिछले दिनों की थकान
गूँज रही है

हमारे चेहरे पथरा चुके थे
पत्नी का चेहरा सख़्त और भावहीन था
कहीं कोई हलचल नहीं थी।

तिब्बत

तिब्बत से आए हुए
लामा घूमते रहते हैं
आजकल मंत्र बुदबुदाते

उनके खच्चरों के झुंड
बगीचों में उतरते हैं
गेंदे के पौधों को नहीं चरते

गेंदे के एक फूल में

कितने फूल होते हैं
पापा?

तिब्बत में बरसात
जब होती है
तब हम किस मौसम में
होते हैं?

तिब्बत में जब तीन बजते हैं
तब हम किस समय में
होते हैं?

तिब्बत में
गेंदे के फूल होते हैं
क्या पापा?

लामा शंख बजाते हैं, पापा?

पापा
लामाओं को
कम्बल ओढ़ कर
अँधेरे में
तेज़-तेज़ चलते हुए देखा है
कभी?

जब लोग मर जाते हैं
तब उनकी क़ब्रों के चारों ओर
सिर झुकाकर
खड़े हो जाते हैं लामा

वे मंत्र नहीं पढ़ते

वे फुसफुसाते हैं—तिब्बत
तिब्बत-तिब्बत
तिब्बत-तिब्बत
तिब्बत-तिब्बत
और रोते रहते हैं
रात-रात भर।

क्या लामा
हमारी तरह ही
रोते हैं, पापा?

वसन्त

रेलगाड़ी आती है
और बिना रुके
चली जाती है।

जंगल में
पलाश का एक गार्ड
लाल झंडियाँ
दिखाता रह जाता है।

मरना

आदमी
मरने के बाद
कुछ नहीं सोचता।

आदमी
मरने के बाद
कुछ नहीं बोलता।

कुछ नहीं सोचने
और कुछ नहीं बोलने पर
आदमी
मर जाता है।

छूटते चले जाने की घटना

मैंने उससे कुछ कहा,
उसने मुझसे कुछ कहा
हम दोनों ने एक-दूसरे को
कुछ कहते हुए सुना।'

वह एक-दूसरे के आर-पार
हो आने की क्रिया थी।

मैं उसकी ख़ामोशी की बगल में
एक पत्र रखकर लौट आया।
उसने मेरी नींद के क़रीब
एक गुलाब रख दिया।

अक्षर और ख़ुशबू के फ़ासले पर
हमने एक-दूसरे का नाम लिखा।

मैंने घड़ी की सुइयाँ
रोक दीं उसने अख़बार
छुपा दिये

मैंने कहा
क्योंकि समय एक छल है
उसने खिड़कियाँ
बन्द कर दीं

वह सन्नाटे के अपने हिस्से में
मुझे देर तक छूती रही
मैं अपने अँधेरे में
उसे नंगे पाँव चलते हुए
देखता रहा
हम एक-दूसरे के
हलक़े की घाटियों में
गूँजते रहे
जंगल में चलते रहे

बच्चों की तरह
पुकारते हुए

मैंने उससे कुछ कहा
उसने मुझसे कुछ कहा
हम दोनों ने
एक-दूसरे को
कुछ कहते हुए सुना

वह एक-दूसरे से
छूटते चले जाने की घटना थी।

इतनी गहरी
लगातार
तार की तरह न टूटने वाली
बारिश के बाद
कई वर्ष धुलकर चमक उठे हैं
अनुभवों की पुरानी धूल से छूटकर
कितने धुले हुए पन्ने
सड़क पर बिखरे पड़े हैं
साफ़-उजले

कितने भीगे हुए
ख़ाली घोंसले हिल रहे हैं
हमारी स्मृतियों में

पत्तियों की तरह झरती
पुरानी तारीख़ों
और बूँदों की

किस आहट के क़रीब हमने
एक-दूसरे को
याद किया होगा

अपने हिस्से की बारिश
के गुज़रने के बाद
हमने अपने-अपने भीगे हुए
कपड़े छुपा दिये

और एक-दूसरे के सामने
लगातार हँसते रहे
पत्थरों की तरह।

नींव की ईंट हो तुम दीदी

पीपल होतीं तुम
पीपल, दीदी
पिछवाड़े का, तो
तुम्हारी ख़ूब घनी-हरी टहनियों में
हारिल हम
बसेरा लेते।

हारिल होते हैं हमारी तरह ही
घोंसले नहीं बनाते कहीं
बसते नहीं कभी
दूर पहाड़ों से आते हैं

दूर जंगलों को उड़ जाते हैं।

पीपल की छाँह
तुम्हारी तरह ही
ठंडी होती है दोपहर।

ढिबरी थीं दीदी तुम
हमारे बचपन की
अचार का तलछट तेल
अपनी कपास की बाती में सोखकर
जलती रहीं।
हमने सीखे थे पहले-पहल अक्षर
और अनुभवों से भरे क़िस्से
तुम्हारी उजली साँस के स्पर्श में।
जलती रहीं तुम
तुम्हारा धुआँ सोखती रहीं
घर की गूँगी दीवारें
छप्पर के तिनके-तिनके
धुँधले होते गए

और तुम्हारी
थोड़ी-सी कठिन रोशनी में
हम बड़े होते रहे।

नदी होतीं, तो
हम मछलियाँ होकर
किसी चमकदार लहर की
उछाह में छुपते
कभी-कभी बूँदें लेते

सीपी बन
किनारों पर चमकते।

चट्टान थीं दीदी तुम
सालों पुरानी।
तुम्हारे भीतर के ठोस पत्थर में
जहाँ कोई सोता नहीं निझरता,
हमीं पैदा करते थे हलचल
हमीं उड़ाते थे पतंग।

चट्टान थीं तुम और
तुम्हारी चढ़ती उम्र के ठोस सन्नाटे में
हमीं थे छोटे-छोटे पक्षी
उड़ते तुम्हारे भीतर

वहाँ झूले पड़े थे हमारी ख़ातिर
गुड्डे रखे थे हमारी ख़ातिर
मालदह पकता था हमारी ख़ातिर
हमारी गेंदें वहाँ
गुम हो गई थीं।

दीदी, अब
अपने दूसरे घर की
नींव की ईंट हुईं तुम तो
तुम्हारी नई दुनिया में भी
होंगी कहीं हमारी खोई हुई गेंदें
होंगे कहीं हमारे पतंग और खिलौने

अब तो ढिबरी हुईं तुम

नये आँगन की
कोई और बचपन
चीन्हता होगा पहले-पहल अक्षर
सुनता होगा क़िस्से
और यों
दुनिया को समझता होगा।

हमारा क्या है, दिदिया री!
हारिल हैं हम तो
आएँगे बरस-दो बरस में कभी
दो-चार दिन
मेहमान-सा ठहरकर
फिर उड़ लेंगे कहीं और।

घोंसले नहीं बनाए हमने
बसे नहीं आज तक।

कठिन है
हमारा जीवन भी
तुम्हारी तरह ही।

पसली का दर्द

बहुत इच्छा थी
कि दोस्त उसकी ओर देखे
तो वह सब कुछ ठीक करने वाली हँसी हँसे

लेकिन दस मिनट से भी
अधिक वक़्त गुज़र चुका था
दोस्त उसकी ओर देख ही नहीं
रहा था और अपनी
एक साल की लड़की को
हो-हो करता
गुदगुदा रहा था।

कुछ देर बाद वह उठा
और बाहर निकल आया।

उसे लगा कि उसकी बाईं ओर की
तीसरी पसली में कुछ दर्द है।

मैं हार नहीं मानूँगा इस तरह
और सिर क्यों नीचा होने दूँ जबकि
मुझे होना ही क्या है ऐसी
बेहूदगियों से, मैंने भला ही किया
है आज तक, असल में बात यह थी
कि जाना ही नहीं चाहिए था
मुझे वहाँ।

'अब मैं ख़ुश हूँ'—उसने ज़ोर से कहा
और हल्का होता हुआ हँसा।

यह वही हँसी थी
जो वह दोस्त के सामने हँसता।

लेकिन कुछ देर बाद उसे लगा
कि उसकी पसलियों के बीच में

कुछ अटका रह गया है
और दर्द
बढ़ रहा है।

'नहीं, मुझे दूसरी तरह से
हँसना चाहिए था'—उसने कहा।

'इस तरह से'—उसने
हँसने की कोशिश की।

उसकी बाईं कनपटी पर
एक नस मोटी होकर चिकल रही थी
और
उसकी दोनों हथेलियाँ
चेहरे से लौटने पर
भीग चुकी थीं।

एक शहर को छोड़ते हुए आठ कविताएँ

[एक]

हम अगर यहाँ न होते आज तो
कहाँ होते, ताप्ती?

होते कहीं किसी नदी-पार के गाँव के
किसी पुराने कुएँ में

डूबे होते किसी बहुत पुराने पीतल के
लोटे की तरह
जिस पर कभी-कभी धूप भी आती
और हमारे ऊपर किसी का भी नाम लिखा होता।

या फिर होते हम कहीं भी
किसी भी तरह से साथ-साथ रह लेते।
दो ढेलों की तरह हर बारिश में घुलते
हर दोपहर गरमाते।

हम रात में भी होते
तो हमारी साँसें फिर भी चलतीं, ताप्ती,
और अँधेरे में
हम उनका चलना देखते, ताज्जुब से।

क्या हम कभी-कभी
किसी और तरह से होने के लिए रोते, ताप्ती?

[दो]

ताप्ती, एक बात है कि
एक बार मैं जहाज़ में बैठकर
अटलांटिक तक जाना चाहता था।

इस तरह कि हवा उलटी हो
बिलकुल ख़िलाफ़।
हवा भी नहीं बल्कि तूफ़ान या अन्धड़
जिसमें शहतीरें टूट जाती हैं,
किवाड़ डैनों की तरह फड़फड़ाने लगते हैं,
दीवारें ढह जाती हैं और जंगल मैदान हो जाते हैं।

मैं जाना चाहता था दरअसल
अटलांटिक के भी पार, उत्तरी ध्रुव तक,
जहाँ सफ़ेद भालू होते हैं
और रात सिक्कों जैसी चमकती है।

और वहाँ किसी ऊँचे आइसबर्ग पर खड़ा होकर
मैं चिल्लाना चाहता था
कि आ ही गया हूँ मैं आख़िरकार, ताप्ती
उस सबके पार, जो मगरमच्छों की शातिर, मक्कार
और भयानक दुनिया है और मेरे दिल में
भरा हुआ है बच्चों का-सा प्यार
तुम्हारे वास्ते।

लेकिन इनका क्या किया जाए
कि मौसम ठीक नहीं था

और जहाज़ भी नहीं था।

और सच बात तो यह है, ताप्ती
कि मैंने अभी तक समुद्र ही नहीं देखा!

और ताप्ती...
सिर्फ़ उस नदी का नाम है
जिसे स्कूल में मैंने बचपन की किताबों में पढ़ा था।

[तीन]

एक दिन हम
नर्मदा में नहाएँगे
दोनों जन साथ-साथ।

नर्मदा अमरकंटक से निकलती है,
हम सोचेंगे और
न भी निकलती तो भी
साथ-साथ नहाते हम, तो अच्छा लगता।

फिर हम एक सूखे पत्थर पर
खड़े हो जाएँगे...धूप तापेंगे।

फिर ख़ूब अच्छे कपड़े पहनेंगे
ख़ूब अच्छा खाना खाएँगे
ख़ूब अच्छी-अच्छी बातें करेंगे
एक ख़ूब अच्छे घर में बस जाएँगे।
हमें ख़ूब अच्छी नींद आया करेगी
रातों में और
हमारा ख़ूब-ख़ूब अच्छा-सा जीवन होगा।

ताप्ती, देखना
क्या मुझे बहुत विकट
हँसी आ रही है?

[चार]

हम एक
टूटे जहाज़ के डेक की तरह हैं
और हमें अपने ऊपर
खेलते बच्चों की ख़ातिर
नहीं डूबना है
हमें लड़ना है समुद्र से और
हवा से और सम्भावना से।

जो तमाशे की तरह देख रहे हैं हमारा
जीवन-मरण का खेल
जिनके लिए हम अपने विनाश में भी
नट हैं दो महज़।

कठपुतलियाँ हैं हम
हमारी संवेदनाएँ काठ की हैं
प्यारा हमारा शीशम का मरा हुआ पेड़ है
जिनके लिए
उन सबकी भविष्यवाणियों के ख़िलाफ़
हमें रहना है...
रहना है, ताप्ती।

हम उनके बीजगणित के हर हल को
ग़लत करेंगे सिद्ध और
हर बार हम
उगेंगे सतह पर।

और हमारी छाती पर
दुनिया के सबसे सुन्दर और
सबसे आज़ाद बच्चे खेलेंगे।

डूबेंगे नहीं हम
कभी भी, ताप्ती,
डेक हैं टूटे जहाज़ का
तो क्या हुआ?

[पाँच]

अच्छा हो अगर

हम इस शहर की सबसे ऊँची और खुली छत पर
खड़े होकर पतंग उड़ाएँ।

और ज़ोर-ज़ोर से हँसें
कि देख लो हम अभी भी हँस सकते हैं इस तरह
और गाएँ अपने पूरे गले से
कि जान लो हम गा भी रहे हैं
और नाचें पूरी ताक़त-भर
कि लो देखो
और पराजित हो जाओ।
हम इस शहर की
सबसे ऊँची और
सबसे खुली छत पर हों दोनों जन
और वहाँ से चीख़ें, एक-दूसरे के पीछे दौड़ें
किलकारी मारें, कूदें और ढेर सारी रंगीन पन्नियाँ
हवा में उड़ा दें।

इतना कपास बिखेर दें।
शहर के ऊपर
कि फुहियाँ-ही-फुहियाँ दिखें सब तरफ़।

फिर हम उतरें
और रानी कमला पार्क के बूढ़े पीपल को
ज़ोर से पकड़कर हिला दें, फिर एक पैडलवाली
नाव लेकर तालाब के पानी को मथ डालें
इतना हिलोड़ दें
कि वह फुहार बन जाए
और हमारे ग़ुस्से की तरह
सारे शहर पर बरस जाए।

ताप्ती, चलो
फिर दूरबीन से देखें
कि शहर के सारे सम्पन्न और सम्भ्रान्त लोग
कितने राख हो चुके हैं
और उनकी भौंहों में कितना
कोयला
जमा हो चुका है।

[छह]

एक दिन हम अपना सारा सामान बाँधेंगे
और रेलगाड़ी में बैठकर चल पड़ेंगे, ताप्ती!

एक नज़र तक हम नहीं डालेंगे
ऐसी जगह, जहाँ
इतने दिनों रहते हुए भी हम रह नहीं पाए

जहाँ दिन-रात हम हड्डियाँ गलाते रहे अपनी और
लोगों के भीतर किसी द्रव की खोज में
हँसते रहे।

हम चाहेंगे ताप्ती कि
इस जगह को भूलते हुए हमें ख़ूब हँसी आए
और अपनी बातचीत में
हँसते हुए हम इस जगह का अपमान करें
सोचें कि एक दिन ऐसा हो
कि सारी दुनिया में ऐसी जगहें कहीं न हों।

फिर ताप्ती, खिड़की होगी

और पेड़ दौड़ेंगे एक चक्कर में
और कोई बछड़ा मटर के खेतों के पार उतरेगा।

एक के बाद एक गाँव और शहर
पार करते चले जाएँगे हम अपने सफ़र में

रेलगाड़ी की खिड़की के बाहर
दुनिया घूमती ही रहेगी
मिट्टी के कत्थई घरों से भरी
हरी दुनिया।

फिर मैं कहूँगा
हमने अच्छा किया, बहुत अच्छा किया
कि हमने उन्हें छोड़ा
जो छोड़े ही हुए थे हमें और हमारे जैसे बेइन्तहा लोगों को
शुरू से ही, अपनी सँकरी दुनिया के लिए।

हम ऐसे चन्द चालू सम्बन्धों की
परछाईं तक को कर देंगे नष्ट
अपनी स्मृति से

और चल पड़ेंगे अपना सारा सामान समेटकर
एक के बाद एक गाँव और शहर
और जीवन और अनुभव पार करेंगे।

लेकिन हम
आख़िर में ठहरेंगे
कहाँ, ताप्ती?

[सात]

सामने की
ऊँची ढीह पर, बबूल के नीचे
एक घर, आधा बनाकर छोड़ दिया गया जो
वर्षों पहले।

उस घर की ईंटें
पत्तियों और काँटों के साथ
मिट्टी हो रही हैं।

उन ईंटों को
कभी न छू पाईं जीवित ऐन्द्रिक साँसें

मिट्टी होती, रेत होती,
हवा होती
पुरानी पत्तियों में से उठता है तुम्हारा शरीर
ताप्ती,
अधूरा ही छोड़ दिये गए किसी मकान जैसा,
बिना हाथों का
एक धड़
अधूरा।

ताप्ती, कहाँ हैं तुम्हारी खिड़कियाँ
जिनसे रोशनी आती है?
कहाँ है वह दहलीज जिसे मैं पार करूँ
तुम्हारी आतुरता में भरा हुआ?

ताप्ती, तुम्हारी ईंटें
बबूल के पत्तों और काँटों के साथ

रेत हो रही हैं
प्रतिक्षण नष्ट होती जा रही हो तुम
हवा और समय के साथ।

ताप्ती,
एक अधूरी काया,
ताप्ती, एक अधूरी आत्मा,
ताप्ती, जो एक नदी का नाम नहीं है सिर्फ़।
गलती, नष्ट होतीं पत्तियों में से
उठता है तुम्हारा अधूरा शरीर, बिना हाथों का।
अपमान, दरिद्रता और काँटों में बिंधा।

और फिर भी
एक ताज़ा-ताज़ा फूल लिये
तुम मेरी तरफ़ बढ़ना चाहती हो।

[आठ]

यह ठीक है
कि बहुत मामूली बहुत
साधारण-सी है यह हमारी लड़ाई
जिसमें जूझ रहे हैं हम
प्राणपण के साथ।

और गहरे घावों से भर उठा है हमारा शरीर
हमारी आत्मा।

इस विकट लड़ाई को
कोई क्या देखेगा हमारी अपनी आँख से?

निकलेंगे एक दिन लेकिन

हम साबुत इस्पात की तरह पानीदार
तपकर इस कठिन आग में से

अगले किसी बड़े
महासमर के लिए।

दरवाज़ा

आदमी दरवाज़े के भीतर से
और दरवाज़े के बाहर से
डरता है।

दरवाज़ा दो डरों के बीच
मरा हुआ पेड़ होता है।

दरवाज़ा मरे हुए जंगल की
काठ का होता है
जिसमें दाख़िल होने के बाद
आदमी मर जाता है।

दरवाज़ा मरी हुई ऋतुओं की
लाश का होता है
जिससे गुज़रने के बाद
आदमी मर जाता है।

दरवाज़ा आदमी के सो जाने के बाद

रेंगता है।
उसकी छाती में खुलता है,
सपनों को भीतर
बन्द कर देता है।
दरवाज़ा नींद में सेंध लगाकर
घुसता है और
आदमी के दिमाग़ में जंगल छोड़ देता है।

नींद में बर्राता है आदमी,
दरवाज़ा सब समझता है।
हँसता है धीरे-धीरे।
साँकल नाचती है,
पीतल के मज़बूत ताले
दाँत निकालते हैं।

आधी रात दरवाज़े की काठ में
बनैले पशुओं का ख़ून दौड़ता है
गुर्राता हुआ...
पेड़ की जड़ों में दफ़न हुए बच्चे
रोते हैं
बीच जंगल में मरी हुई स्त्रियों की आत्माएँ
कराहती हैं और टहलती हैं।

सोता हुआ आदमी
बेफ़िक्र होता है कि
दरवाज़ा मुस्तैद है।
साँकल चढ़ी है।
कब्ज़े मज़बूत हैं।

नहीं जानता
नींद में डूबा हुआ आदमी
कि दरवाज़ा रात में
दुश्मनों को पुकारता है
बीमारियों को इशारे करता है
जंगल में मरे हुए
बच्चों और स्त्रियों को
भीतर ले आता है।

बच्चे आदमी की स्मृति में
रोते हैं।
आदमी की स्मृति में नंगे पाँव चलती
पुरानी स्त्रियाँ हँसती हैं।

यह एक डरावना सच है कि
रात में दरवाज़ा
हमेशा खुला रहता है।

शत्रु

वे कई थे
बचपन के अँधेरे से रेंगकर
आज तक के अन्धकार में सरकते हुए
ताक़तवर, मरघिल्ले, आलसी,
मूर्ख और लद्धड़

मध्य-निम्न मध्यवित्त के दलदल में अपनी
कछुओं जैसी पीठ ढोते

मैंने शत्रुओं को बीनना शुरू किया
अपनी जेबों से, किताबों की आलमारी,
पुरानी चिट्ठियों, तस्वीरों
अपनी क़मीज़ और
कभी के छोड़े गए क़स्बों-मुहल्लों से

एक को तो मैंने अपनी नींद में धर दबोचा
जहाँ वह मसख़रे का मुखौटा लगाकर
मुझे डरा रहा था
दूसरे को मैंने बीस साल पुरानी खाई में
धकेला और
किसी उखड़ते पेड़ की कराह सुनकर शर्मिन्दा हुआ

एक मारा गया मेरी पत्नी के हाथों
जिसने जान लिया था उसका सारा भेद

शत्रुओं को मैंने सहानुभूति दी उनके बुरे दिनों में
और शत्रुओं ने भी कहा
हम दुखी हैं बहुत आपके हाल पर
वह पाँचवाँ या छठा था जो मारने आया था मुझे
वह मेरी दवाइयाँ ख़रीदने दौड़ गया
एक बार मैं सातवें का ख़ून करने गया था
और उसके ढाई साल के बच्चे को
ढाई घंटे तक बहलाता रहा
ढाई घंटे अपने कन्धों पर उसे टहलाता रहा

एक था, जो सबसे अजातशत्रु था
और ख़ुद को कालपुरुष कहता था
उसने बच्चे पैदा कर डाले थे इस बीच
और धचकता चला आ रहा था
जूट के झोले में आधा किलो प्याज़ रखे

मेरे हाथ में किताबें देखकर वह हँसा
जैसे कोई सबको धोखे में डालकर मरे और
पकड़ लिये जाने पर
क्षमापूर्वक हँसे

उसके अनुसार
पिछली चीज़ें असावधानी में हुईं
और खेलकूद में
घाव तो हो ही जाते हैं
उसने कहा कि उनकी आत्मा के निर्मल जल में
मैं एक दक्षिणावर्त शंख की तरह
विराजमान हूँ

फिर उसने छोड़ा सारा लिहाज़
और माँगे तीस रुपये उधार

मैं हँसा बड़े दिनों के बाद
क्योंकि अपने रक्त के अलावा
मेरे पास इन दिनों नहीं था कोई दूसरा सिक्का?

तानाशाह की खोज

वह अभी तक सोचता है
कि तानाशाह बिलकुल वैसा ही या
फिर उससे मिलता-जुलता ही होगा

यानी मूँछ तितली-कट, नाक के नीचे
बिल्ले-तमग़े और
भीड़ को सम्मोहित करने की वाक्पटुता

जबकि अब होगा यह
कि वह पहले जैसा तो होगा नहीं
अगर उसने दुबारा पुरानी शक्ल और पुराने कपड़ों में
आने की कोशिश की तो
वह मसख़रा ही साबित होगा

भरी हो उसके हृदय में कितनी ही घृणा,
दिमाग़ में कितने ही ख़तरनाक इरादे

कोई भी तानाशाह ऐसा तो होता नहीं
कि वह तुरत पहचान लिया जाए
कि लोग फ़ज़ीहत कर डालें उसकी
चिढ़ाएँ, छुछुआएँ
यहाँ तक कि मौक़े-बे-मौक़े बच्चे तक पीट डालें

अब तो वह आएगा तो उसे पहचानना भी मुश्किल होगा
हो सकता है, वह कहता हुआ आए कि मैं इस
शताब्दी का सबसे ज़्यादा छला गया व्यक्ति हूँ
और वह विनोबा भावे और सन्त तुकाराम के बारे में
बात करे या सफ़ेद-सफ़ेद कपड़े पहनकर
सफ़ेद-सफ़ेद कबूतर उड़ाये या निःशस्त्रीकरण
की बात करे
उसका चेहरा सफाचट हो, चेहरे में झुर्रियाँ हों
और वह सेना और पुलिस के होने के ही ख़िलाफ़ हो

वह भाषणों में करता हो चिड़ियों
और बच्चों से बेतहाशा प्यार
कहीं उसने बनवा दिया हो अस्पताल,
कहीं खोल दी हो प्याऊ, कहीं कोई
धर्मशाला,
कोई नृत्यकेन्द्र,
कोई पुस्तकालय

सम्भव है
हमारे बीच के लोग हमसे बहस करें
और कहें
कि यह है प्रमाण उसकी संवेदनशीलता का
और यह भी बिलकुल सम्भव है
कि उस वक़्त उसको शान्ति का नोबेल पुरस्कार
दिया जा चुका हो या उसका नाम
उस सूची में सबसे ऊपर हो।

राज्यसत्ता

राज्यसत्ता
तिहाड़ की दीवाल है
भागलपुर की तेज़ाब है
अन्तुले की नैतिकता और
जगन भाई का लोकतंत्र है।

राज्यसत्ता
अभिव्यक्ति की स्वतंत्रता का
क़ानून है
और जो इस क़ानून की ज़द में है
उसे बोलने नहीं देती राज्यसत्ता।

राज्यसत्ता
'प्रजातंत्र' का प्रजापति है
और 'प्रजा' अगर 'तंत्र' से
टकराती है कभी
तो तंत्र की हिफ़ाज़त में तैनात
बंदूक़ की नाल से
बोलती है राज्यसत्ता—
कि सुनो मेरी प्यारी-प्यारी प्रजा
तुम्हें तंत्र के भीतर ही
प्रजा होने का हक़ है

पुलिस और फ़ौज
सचिवालय और न्यायालय
कर्फ़्यू और गोली
प्रजा और तंत्र के सम्बन्धों की
संवैधानिक व्याख्याएँ हैं।

राज्यसत्ता कहती है—
कविता को नहीं होना चाहिए
राज्यसत्ता के बारे में
क़ानून के बारे में नहीं होनी चाहिए
कोई कविता
तंत्र के बारे में
कविता को नहीं होना चाहिए
कविता को होना चाहिए
सिर्फ़ चाहिए जैसी कविता
के बारे में।

राज्यसत्ता
अस्सी प्रतिशत लोगों की आँख में
बूट और बारूद की सत्ता है,
पाँच प्रतिशत लोगों के हाथ में
मनमाना राज्य
और बाक़ी हम जैसों के दिमाग़ में
राज्यसत्ता।

और तमाम किताबों
और संविधानों और भाषणों के बाद
अन्तत: राज्यसत्ता
सीसे की ढली हुई

दो औंस की गोली है।

इस वक़्त दिन में
जब ठीक बारह बजकर
ठीक दो मिनट हुए हैं
तब क्या यह बिखरी-बिखरी-सी कविता
राज्यसत्ता से पूछ सकती है

कि ठीक इस वक़्त
राज्यसत्ता
दो औंस के सीसे में ढलकर
किस शहर के
किस जुलूस के
किस मनुष्य के सीने के
गरम-गरम ज़िन्दा रक्त में
मृत्यु बनकर
प्रवेश कर रही है?

दो हाथियों की लड़ाई

[एक]

दो हाथियों का
लड़ना
सिर्फ़ दो हाथियों के समुदाय से
सम्बन्ध नहीं रखता।

दो हाथियों की लड़ाई में
सबसे ज़्यादा कुचली जाती है
घास, जिसका
हाथियों के समूचे कुनबे से
कुछ भी लेना-देना नहीं।

जंगल से भूखी लौट जाती है
गाय
और भूखा सो जाता है
घर में बच्चा

दो हाथियों के
चार दाँतों और आठ पैरों द्वारा
सबसे ज़्यादा घायल होती है
बच्चे की नींद,
सबसे अधिक असुरक्षित होता है

हमारा भविष्य।
दो हाथियों की लड़ाई में
सबसे ज़्यादा
टूटते हैं पेड़

सबसे ज़्यादा मरती हैं
चिड़ियाँ,
जिनका हाथियों के पूरे कबीले से कुछ भी
लेना-देना नहीं

दो हाथियों की
लड़ाई को

हाथियों से ज़्यादा
सहता है जंगल।

और इस लड़ाई में
जितने घाव बनते हैं
हाथियों के उन्मत्त शरीरों पर
उससे कहीं ज़्यादा
गहरे घाव
बनते हैं जंगल और समय
की छाती पर।

जैसे भी हो
दो हाथियों को
लड़ने से रोकना चाहिए।

[दो]

विद्वत्ता
स्नान करने गई,
उसने धर्मग्रन्थ देखा।

नहा-धोकर
वह पूजा करने पटरे पर
बैठी।
फिर उसने
माथे पर
रोली लगाई, घंटी हिलाई
तुलसी की पत्तियाँ चबाईं।

और तब
विद्वत्ता बोली—
अध्यात्म ही उपचार है,
धर्म ही विकल्प है।
लोग प्रेम से रहें
तो शान्ति स्थापित होगी।

संसार के
सबसे बड़े बनिये ने
विद्वत्ता के पैरों पर
माथा टेका।

संसार के सबसे क्रूर तानाशाह ने
रुद्राक्ष धारण किया।

विद्वत्ता
इसी तरह
सम्मानित रही आई।

[तीन]

मैंने
अन्त में कहा—

विश्वयुद्ध के विरोध का मतलब
समूची विचारधारा का
विरोध नहीं
निर्मल जी!

यह तय है
कि एक सही राजनीति और सही विचारधारा ही
कभी न कभी इसे रोक पाएगी!

एक था अबूतर, एक था कबूतर

अबूतर और कबूतर
दोनों सिक्के के दो पहलू
भेड़िये की पूँछ के दो बाल
अपने मालिक के पक्के दलाल।

अबूतर जरा लम्बा, कुछ गोरा, थोड़ा शान्त और चुप
कबूतर ज़रा ठिगना, कुछ साँवला, थोड़ा बातूनी और बिगड़ैल।

दोनों जुड़वाँ नहीं थे।
अलग-अलग ग़रीब कोख में जनमे
ग़रीबी में पले और बढ़े,
अलग-अलग दो जगहों से आए,
फिर अपनों से दग़ा किया।

भेड़िया किसी पर बिगड़ता
तो दोनों भौंकते
एक सुर, एक ताल, एक लय, एक संगीत में।
मशहूर थी सत्ता-राग में दोनों की
जुगलबन्दी।

अबूतर ने ख़ास पढ़ा नहीं था
लेकिन पढ़े हुओं को काटता था।
कबूतर ने ख़ास लिखा नहीं था
लेकिन लिखे हुओं को डाँटता था।

अबूतर-कबूतर के पीछे भेड़िया पलटन थी
लोमड़ जमात थी, सत्ता थी,
पूरी कटखनी सल्तनत थी

जब फटी क़मीज़, बिखरे बाल, ख़ाली पेट
और बेचैन दिमाग़ का दिखता कोई आदमी
तो अबूतर चिल्लाता—'मनहूस'
कबूतर कहता—
'दुश्मन का जासूस'

मालिक ख़ुश होता, दोनों खिलखिलाते
वह गाता, दोनों सुर मिलाते
वह उदास दिखता, दोनों अपना कलेजा पकड़कर रोते

मालिक बिगड़ता
दोनों भौंकते
हुलकारता, वे काटने के लिए दौड़ते
वह छींकता ये पादते
वह खाता ये डकारते

लेकिन अबूतर के बच्चे
दुश्मनों के बच्चों के साथ
भेड़िये को मारने का खेल खेलते
कबूतर की बीवी
दुश्मन औरतों के साथ

भेड़िये के अत्याचारों के क़िस्से कहती-सुनती

अबूतर और कबूतर
दोनों भेड़िये की मूँछ के दो बाल थे सिर्फ़
लेकिन दोनों ख़ुद को
भेड़िये का जबड़ा, उसकी आँत और समूचा-का-समूचा
भेड़िया समझते

कुछ दिनों बाद
अबूतर-कबूतर के घिस गए दाँत
बैठ गया गला
झरने लगे नाख़ून

कुछ दिनों बाद
भेड़िये की पूँछ के दोनों बाल
पकने लगे
तो भेड़िये ने उन्हें चुटकी में दबाकर उखाड़ा
फूँक मारी
और हाथ को झाड़ा

अबूतर की टूट गई रीढ़
कबूतर का बन्द हुआ गला
दोनों डाल चूके बन्दर
दोनों का खेल ख़तम हुआ

दोनों को भीड़ ने
गेंद की तरह उछाला
कपड़े की तरह पछींटा
मिट्टी की तरह रौंदा

और लत्ते की तरह
फेंक दिया
शहर की सबसे बड़ी दीवार पर
लिखा है आज भी—

'इस नगर में
एक था अबूतर
एक था कबूतर
दोनों थे भेड़िये की पूँछ के सिर्फ़ दो रोएँ
लेकिन ख़ुद को समूचा भेड़िया समझते थे'

अबूतर-कबूतर
दोनों का
हुआ यों अन्त
हा हन्त!

दुआ

हुमायूँ ने दुआ की थी
अकबर बादशाह बने

अकबर ने दुआ की थी
जहाँगीर बादशाह बने

जहाँगीर ने दुआ की थी
शाहजहाँ बादशाह बने

बादशाह हमेशा बादशाह के लिए
बादशाह बनने की दुआ करता है

लाल क़िले का बूढ़ा दरबान
बताता है।

वर्षा राग

[एक]

बरसे मेघ भरी दोपहर, क्षण-भर बूँदें आईं
उमस मिटी धरती की साँसें भीतर तक ठंडाईं
आँखें खोले बीज उमगकर गगन निहारें
क्या बद्दल तक जा पाएँगे पात हमारे?

[दो]

मैना डरकर फुर्र हो गई, बिजली तड़की
छींके के सपने में खोई पूसी भड़की
क्या हंगामा आसमान ने मचा रखा है
कल-परसों से नहीं किसी ने घाम चखा है।

घड़ों-घड़ों पानी औटाओ, मूसलाधार गिराओ
लेकिन सब चुपचाप करो, चिड़ियों को नहीं डराओ।

[तीन]

यह काग़ज़ की नाव चली जाए अमरीका
सिखला दे उनको पूरब का तौर-तरीक़ा

एटम बम से बिलकुल भी धौरी बछिया नहिं डरती
न्यूट्रान से गाँव मड़र की मक्खी भी नहिं मरती।
गुन्नू ने चोंगी सुलगाकर लट्‌ठ सँभाला
आ जाए अब रीगन हो या बेगिन साला।

सरकारी कोयल

[एक]

हम कोयल हैं
सरकार के
हम साज़िन्दे हैं
दरबार के

हम आएँगे चलें जलसों-त्योहारों में
बुलाए बिन बुलाए
सेहरा पढ़ेंगे
गाएँगे सोहर
ठुमरी जगाएँगे।

हवा नहीं हो गए सुख-संविधान के दिन
नहीं चल रही है
लगातार हाहाकार जैसी
कोई काली आँधी
झूठ और अन्याय का अँधेरा
कहीं नहीं है

सामने बिलकुल भी नहीं
घट रही हैं क्रूर आशंकाएँ।

भरोसा रखें
हम आएँगे गाने लोरी
रतजगे में बैठेंगे ढोल-मँजीरे लेकर
कहरवा हमारे ख़ून में है
चैन रखें
धरें धीरज।

सब कुछ शान्त है।
सब कहीं
व्यवस्था है।
सब ठीक है।

यह संगीत है
और ये रंग हैं
कितना सुकून है यहाँ।
आएँ कुछ देर कविता की छाँह में
हम आपके पापों को
कला के पवित्र जल से धो डालेंगे।

[दो]

हम कोयल हैं
सरकार के।
बत्तख के पैर जैसे ठंडे हैं
हमारे विचार
निश्चिन्त रहें आप।

हम लेंगे बख़्शीश,
नज़र उतारेंगे,
ईनाम पाएँगे
जहाँ भी जाएँगे
आपकी दुन्दुभी बजाएँगे।

कोई चिन्ता नहीं है हमें।
हमें फ़िक्र है तो
है बिम्बों की,
भाषा की तलाश है।

हम रचना के स्वायत्त क्षण में
जीते हैं
मरते हैं
फिर-फिर जन्म लेते हैं।

हमें पुरस्कृत करें अन्नदाता
विधाता।

हम कोयल हैं
सरकार के,
हम साज़िन्दे हैं
दरबार के!

अर्ज़ी

शक की कोई वजह नहीं है

मैं तो यों ही आपके शहर से गुज़रता
उन्नीसवीं सदी के उपन्यास का कोई पात्र हूँ
मेरी आँखें देखती हैं जिस तरह के दृश्य बेफ़िक्र रहें
वे इस यथार्थ में नामुमकिन हैं

मेरे शरीर से, ध्यान से सुनें तो
आती है किसी भापगाड़ी के चलने की आवाज़

मैं जिससे कर सकता था प्यार
विशेषज्ञ जानते हैं वर्षों पहले मेरे बचपन के दिनों में
शिवालिक या मेकल या विंध्य की पहाड़ियों में
अन्तिम बार देखी गई थी वह चिड़िया

जिस पेड़ पर बना सकती थी वह घोंसला
विशेषज्ञ जानते हैं वर्षों पहले अन्तिम बार देखा गया था वह पेड़
अब उसके चित्र मिलते हैं पुरा-वानस्पतिक किताबों में
तने के फ़ॉसिल्स संग्रहालयों में

पिछली सदी के बढ़ई मृत्यु के बाद भी
याद करते हैं उसकी उम्दा इमारती लकड़ी

मेरे जैसे लोग दरअसल संग्रहालयों के लायक भी नहीं हैं
कोई क्या करेगा आख़िर ऐसी वस्तु रखकर
जो वर्तमान में भी बहुतायत में पाई जाती है

वैसे हमारे जैसों की भी उपयोगिता है ज़माने में
रेतघड़ियों की तरह हम भी
बिलकुल सही समय बताते थे
हमारा सेल ख़त्म नहीं होता था
पृथ्वी का गुरुत्वाकर्षण हमें चलाता था
हम बहुत कम ख़र्चीले थे
हवा, पानी, बालू आदि से चल जाते थे

अगर कोयला डाल दें हमारे पेट में
तो यक़ीन करें हम अब भी दौड़ सकते हैं।

ढेला

वह था क्या एक ढेला था
कही दूर गाँव-देहात से फिंका चला आया था
दिल्ली की ओर
रोता था कड़कड़डूमा, मंगोलपुरी, पटपड़गंज में
ख़ून के आँसू चुपचाप

ढेले की स्मृति में सिर्फ़ बचपन की घास थी
जिसका हरापन दिल्ली में हर साल
और हरा होता था

एक दिन ढेला देख ही लिया गया राजधानी में
लोग-बाग चौंके कि ये तो कैसा ढेला है
कि रोता भी है आदमी लोगों की तरह
दया भी उपजी कुछ के भीतर

कुछ ने कहा कैसे क्या तो करें इसका
नौकरी पर रखें तो क्या पता किसी का
सर ही फोड़ दे
ज़्यादातर काँच की हैं दीवारें और इतने क़ीमती
इलेक्ट्रॉनिक आइटम

कुछ ने कहा विश्वसनीयता का भी प्रश्न है
ढेले की जात कब किस दिशा को लुढ़क जाए
क्या पता किसी बारिश में ही घुल जाए

एक दिन एक लड़की ने पढ़ी ढेले की कविता
और फिर
आया उसे ख़ूब ज़ोर का रोना

ढेला भीतर से काँपा कि आया उसके भी
जीवन में प्यार
आख़िरकार

उस रात उसने रात-भर जाग-जागकर लिखी
एक कविता
कि दिल्ली में भी है
दुनिया के सबसे बड़े बैलून से भी ज़्यादा बड़ा
एक दिल
जहाँ एक दिन फिरते हैं ढेले के भी दिन

लेकिन अगले दिन वह भागा
और फिर भागता ही रहा
जब लड़की ने अपने प्रेमी से कहा—
'सँभालकर उठाओ और रख दो इस बेचारे को
गुड़गाँव के किसी खेत में
या टिकट देकर चढ़ा दो छत्तीसगढ़ एक्सप्रेस में
और भूल जाओ
उसी तरह जैसे राजधानी की सड़क पर हर रोज़
हम भूल जाते हैं कोई-न-कोई
दहशतनाक दुर्घटना'

आदमी लोगो, सुनो!
इस ढेले के भी हैं कुछ विचार
ढेले को भी करनी है बाज़ार में ख़रीदारी
इस कठिन समय में ढेले का सोचना है
उसको भी निभानी है कोई भूमिका

भाई, कोई है?
कोई सुनेगा ढेले का मूल्यवान प्रवचन
कोई अख़बार छापेगा
लोकतंत्र और मनुष्यता के संकट पर
ढेले के विचार

भाई, कोई है,
जो उसे उठाए
उस तरह जिस तरह नहीं उठाया जाता ढेला।

बचाओ

(अग्रज कवि ज्ञानेन्द्रपति के लिए)

चिन्ता करो मूर्द्धन्य 'ष' की
किसी तरह बचा सको तो बचालो 'ङ्'
देखो, कौन चुराकर लिये चला जा रहा है खड़ी पाई
और नागरी के सारे अंक
जाने कहाँ चला गया ऋषियों का 'ऋ'

चली आ रही हैं इस्पात, फाइबर और अज्ञात यौगिक
धातुओं की तमाम अपरिचित-अभूतपूर्व चीज़ें
किसी विस्फोट के बादल की तरह हमारे संसार में
बैटरी का हनुमान उठा रहा है प्लास्टिक का पहाड़
और बच्चों के हाथों में बोल रही है कोई
डरावनी चीज़—डीप...डीप...डीप...

बचा लो मेरी नानी का पहियों वाला काठ का नीला घोड़ा
सँभालकर रखो अपने लट्टू
पतंगें छुपा दो किसी सुरक्षित जगह पर

देखो, हिलता है पृथ्वी पर
अमरूद का अन्तिम पेड़
उड़ते हैं आकाश में पृथ्वी के अन्तिम तोते

बताएँ सारे विद्वान्

मैं कहाँ पर टाँग दूँ अपने दादा की मिरजई
किस संग्रहालय को भेजूँ पिता का बसूला
माँ का करधन और बहन के बिछुए मैं
किस सरकार को सौंपूँ हिफ़ाज़त के लिए

मैं अपील करता हूँ राष्ट्रपति से कि
वे घोषित करें
खिचड़ी, ठठेरा, मदारी, लोहार, किताब, भड़भूँजा,
कवि और हाथी को
विलुप्तप्राय राष्ट्रीय प्राणी

वैसे खड़ाऊँ, दातुन और पीतल के लोटे को
बचाने की इतनी सख़्त ज़रूरत नहीं है
रथ, राजकुमारी, धनुष, ढाल और तांत्रिकों के
संरक्षण के लिए भी ज़रूरी नहीं है कोई क़ानून

बचाना ही हो तो बचाए जाने चाहिए
गाँव में खेत, जंगल में पेड़, शहर में हवा,
पेड़ों में घोंसले, अख़बारों में सच्चाई, राजनीति में
नैतिकता, प्रशासन में मनुष्यता, दाल में हल्दी

क्या कुम्हार, धर्मनिरपेक्षता और
एक दूसरे पर भरोसे को बचाने के लिए
नहीं किया जा सकता संविधान में संशोधन!

सरदार जी, आप तो बचाइए अपनी पगड़ी
और पंजाब का टप्पा
मुल्ला जी, उर्दू के बाद आप फ़िक्र करें
कोरमे के शोरबे का ज़ायका बचाने की

इधर मैं एक बार फिर करता हूँ प्रयत्न
कि बच सके तो बच जाए हिन्दी में समकालीन कविता।

शरीर

मेरा एक डॉक्टर दोस्त, जो एक अत्यन्त प्रखर कवि भी है, कहता है—
यह हमारा शरीर केवल एक जीवित इकाई नहीं
कई सौ जीवित इकाइयों का एक जटिल और अद्भुत तकनीक से संयोजित
एक कमाल का संगठन है

किसी बहुत विकसित राज्य के असंख्य संस्थानों, न्यायपालिकाओं और कार्यपालिकाओं,
हज़ारों विधि-विधानों और करोड़ों नागरिकों की सैकड़ों भाषाओं और
उनकी अनगिनत क्षेत्रीय और सांस्कृतिक भिन्नताओं
तथा हर नागरिक की अत्यन्त मौलिक व्यक्तिगत विशेषताओं के समग्र
जटिल-संश्लिष्ट अन्तर्सम्बन्धों
से भी ज़्यादा जटिल, रहस्यपूर्ण और संश्लिष्ट है
शरीर की इन इकाइयों का अन्तर्सम्बन्ध

और किसी राज्य के अस्तित्व की तरह ही
अनगिनत संयोगों और सम्भावनाओं पर टिका है हमारा जीवन

उसके अनुसार हमारे शरीर के हर अंग का अलग है एक जीवन
एक अपना अलग स्वभाव, अलग चरित्र, अलग क़िस्म की ज़रूरतें
और एक अलग इतिहास

मेरा ही उदाहरण लीजिए मेरी दायीं आँख ने ज़्यादा दुख झेले हैं अपने जीवन में
सबसे ज़्यादा उसी में आते हैं आँसू
बायाँ हाथ ज़्यादा काँपता है, दाएँ के मुक़ाबले वह ज़्यादा बूढ़ा हो रहा है उम्र से पहले

गले में जहाँ कभी हुआ करता था संगीत
एक अन्धा कुआँ है जिसमें से आती है मरे हुए पानी की भर्राई हुई आवाज़
बीमार और ढीली हो कर तलवे तक गिर चुकी है आत्मा
जिस पर असर नहीं करती न दवाएँ न दुआएँ हर यात्रा में हर बार चुभती है कोई कील
घुटने जानते हैं सीढ़ियाँ ही सीढ़ियाँ हैं सारा संसार
इतिहास में दाख़िल होने के पहले ही फिसल जाएगी कटोरी

रहा मस्तिष्क तो उसकी भी अपनी अलग आत्मकथा है
उसके कई हिस्से अभी तक उपनिवेश हैं किसी अन्य साम्राज्य के
कुछ हिस्सों में दिखता है कोई स्वप्न या दूर कहीं जलता है कोई बल्ब और बुझ जाता है
एक ग़म है रोज़गार का जो बुख़ार है मेनिंजाइटिस का उसमें आती हैं गड्ड-मड्ड स्मृतियाँ
और चीख़ते हैं तमाम कोटरों में करोड़ों लोग
यह उच्च-रक्तचाप है कहता है डॉक्टर

आमाशय ने बचपन से ही बहुत दुःख झेले हैं
जीभ की स्मृति में बार-बार कौंधता है माँ का चेहरा चूल्हे की मद्धिम आँच में चन्द्रमा-सा
धुएँ और भूख के पार के आकाश में दिप-दिपाता
गल रही है किडनी तम्बाकू के निकोटीन में

समाज की तरह ही मेरे शरीर में भी हो रहे हैं अत्यन्त महत्त्वपूर्ण
ऐतिहासिक परिवर्तन
मेरे नियंत्रण से दूर और स्वायत्त, अपने ही नियमों में निमग्न
मेरे विचारों, रचनाओं, आकांक्षाओं और सिद्धान्तों से बिलकुल अप्रभावित

मैं हूँ एक दर्शक फ़क़त
अपनी ही दुनिया और अपनी ही देह का
अपनी ही मरम्मत में व्यस्त

कई सौ अंगों का चलता-फिरता एक जटिल समुच्चय
अपने इतिहास और रोगों को ढोता एक समस्याग्रस्त ढाँचा
इस दिशा से उस दिशा किसी उम्मीद में किसी उन्माद में भागता-दौड़ता
एक उत्पीड़ित गुलाम गणराज्य

किसी दिन अपनी ही इच्छा या अपने ही दुखों से निष्पन्द हो जाएगा
कोई एक अंग
या हो जाएगा इतना स्वतंत्र कि तहस-नहस हो जाएँगी सारी संरचनाएँ

कहा जाएगा—कल तक तो ठीक-ठाक था
देर रात तक लिखता रहा कविताएँ
बिलकुल भला-चंगा था
बस दग़ा दे गया दिल।

औरतें

वह औरत पर्स से खुदरा नोट निकालकर कंडक्टर से अपने घर
जाने का टिकट ले रही है

उसके साथ अभी ज़रा देर पहले बलात्कार हुआ है
उसी बस में एक दूसरी औरत अपने जैसी ही लाचार उम्र की दो-तीन औरतों के साथ
प्रोमोशन और महँगाई भत्ते के बारे में बातें कर रही है
उसके दफ़्तर में आज उसके अधिकारी ने फिर मीमो भेजा है

वह औरत जो सुहागन बने रहने के लिए रखे हुए है करवा चौथ का निर्जल व्रत
वह पति या सास के हाथों मार दिये जाने से डरी हुई सोती-सोती अचानक चिल्लाती है
एक औरत बालकनी में आधी रात खड़ी हुई इन्तज़ार करती है
अपने जैसी ही असुरक्षित और बेबस किसी दूसरी औरत के घर से लौटने वाले अपने शराबी पति का

सन्देह, असुरक्षा और डर से घिरी एक औरत अपने पिटने से पहले
बहुत महीन आवाज़ में पूछती है पति से
—कहाँ ख़र्च हो गए आपके पर्स में से तनख़्वाह के आधे से ज़्यादा रुपये?

एक औरत अपने बच्चे को नहलाते हुए यों ही रोने लगती है फूट-फूटकर
और चूमती है उसे पागल जैसी बार-बार
उसके भविष्य में अपने लिए कोई गुफा या कोई शरण खोजती हुई

एक औरत के हाथ जल गए हैं तवे में
एक के ऊपर तेल गिर गया है कड़ाही का खौलता हुआ
अस्पताल में हज़ार प्रतिशत जली हुई औरत का कोयला दर्ज कराता है
अपना मृत्यु-पूर्व बयान कि उसे नहीं जलाया किसी ने

उसके अलावा बाक़ी हर कोई है निर्दोष
ग़लती से उसके ही हाथों फूट गई क़िस्मत और फट गया स्टोव्ह

एक औरत नाक से बहता ख़ून पोंछती हुई बोलती है
क़सम खाती हूँ मेरे अतीत में कहीं नहीं था प्यार
वहाँ था एक पवित्र, शताब्दियों लम्बा, आग जैसा धधकता सन्नाटा
जिसमें सिंक रही थी सिर्फ़ आपकी ख़ातिर मेरी देह

एक औरत का चेहरा संगमरमर जैसा सफ़ेद है
उसने किसी से कह डाला है अपना दु:ख या उससे खो गया है कोई जेवर
एक सीलिंग की कड़ी में बाँध रही है अपना दुपट्टा
उसके प्रेमी ने सार्वजनिक कर दिए हैं उसके फ़ोटो और पत्र

एक औरत फ़ोन पकड़कर रोती है
एक अपने आप से बोलती है और किसी हिस्टीरिया में बाहर सड़क पर निकल जाती है
बिना बाल काढ़े बिना किन्हीं कपड़ों के
कुछ औरतें बस अड्डे या प्लेटफ़ार्म पर खड़ी हैं यह पूछती हुईं
कि उन्हें किस गाड़ी में बैठना है और कहाँ जाना है इस संसार में

एक औरत हारकर कहती है—तुम जो जी आए, कर लो मेरे साथ
बस मुझे किसी तरह जी लेने दो
एक पाई गई है मरी हुई बिलकुल तड़के शहर के किसी पार्क में
और उसके शव के पास बैठा रो रहा है उसका डेढ़ साल का बेटा
उसके झोले में मिलती है दूध की ख़ाली बोतल, प्लास्टिक का छोटा-सा गिलास
और एक लाल-हरी गेंद जिसे हिलाने से आज भी आती है घुनघुने जैसी आवाज़

एक औरत जो तेज़ाब से जल गई है ख़ुश है कि बच गई है उसकी दायीं आँख
एक औरत तन्दूर में जलती हुई अपनी उँगलियाँ धीरे-से हिलाती है
जानने के लिए कि बाहर कितना अँधेरा है

एक पोंचा लगा रही है
एक बर्तन माँज रही है
एक कपड़े पछींट रही है
एक बच्चे को बोरे पर सुलाकर सड़क पर रोड़े बिछा रही है
एक फ़र्श धो रही है और देख रही है राष्ट्रीय चैनल पर फ़ैशन परेड
एक पढ़ रही है न्यूज़ कि संसद में बढ़ाई जाएगी उनकी तादाद

एक औरत का कलेजा जो छिटककर बोरे से बाहर गिर गया है
कहता है—मुझे फेंक कर किसी नाले में जल्दी लौट आना,
बच्चों को स्कूल जाने के लिए जगाना है
नाश्ता उन्हें ज़रूर दे देना, आटा मैं गूँथ आई थी

राजधानी के पुलिस थाने के गेट पर एक-दूसरे को छूती हुईं
ज़मीन पर बैठी हैं दो औरतें बिलकुल चुपचाप
लेकिन समूचे ब्रह्मांड में गूँजता है उनका हाहाकार

हज़ारों-लाखों छुपती हैं गर्भ के अँधेरे में
इस दुनिया में जन्म लेने से इनकार करती हुईं
वहाँ भी खोज लेती हैं उन्हें भेदिया ध्वनि-तरंगें
वहाँ भी, भ्रूण में उतरती है हत्यारी कटार।

इस सदी में एक लड़की जिससे दिल्ली में मैंने प्यार किया था

एक कमरा है, घड़ी जिसमें वर्षों से टिक-टिक चल रही है
अख़बार और नीबू और नमकीन वहाँ वर्षों से रखे हुए हैं

एक म्यूजिक-सिस्टम है जिसमें हमेशा से कोई पूर्वी या पश्चिमी संगीत बज रहा है
पाँच लड़कियाँ हैं जो छठी के चारों ओर एक घेरे में झुकी हुई हैं
छठी जैसे एक कुआँ हैं जिसमें से वे निकालती हैं कोई रहस्य
उनका मांस ढीला है और उसमें कई दुख हैं जो मर्दों को उत्तेजना देते हैं

मैं इन लड़कियों को जानता हूँ उनके घरों के धुँधलेपन को भी
आसपास जो सड़क, पुलिया और किराने की दुकानें हैं उन्हें भी
वे मलिन-अन्धी सीढ़ियाँ जो किसी बुख़ार, किसी सिसकी, मार-पीट
या किसी अन्तहीन खाँसी में खुलती हैं

लेकिन मैं उस छठी लड़की को भी जानता हूँ,...हूँ नहीं था
वह कहीं और से यहाँ आई थी राजधानी, खोजती थी अपने लिए रोटी
और कोई भी ठिकाना, उसे मैं मिला नौकरी की जगह

एक सुरंग थी अथाह, जिसमें हमें चलना था बिना किसी उम्मीद
हमारी आत्माएँ थीं दो खुले हुए घावों की तरह, एक दिन जिन्हें सूख जाना था अपने-आप

हम चाय पीते थे और सर्दियों में मूँगफली खाते थे
सबसे सस्ती चीज़ों में सबसे ज़्यादा स्वाद होता है, इस सिद्धान्त को हमने ही खोजा था
हालाँकि इस सदी के सबसे महान् सिद्धान्त तब तक हमें धोखा दे चुके थे
एक दिन हम दोनों रो रहे थे कि इतनी कोशिशों के बावजूद हम
एक-दूसरे के किसी काम के न थे

फिर, हम दो सुदूर घटती घटनाएँ थे, किसी दूसरे नक्षत्र की ध्वनियाँ,
जिनकी अलग-अलग होती हैं विद्युत-तरंगें
परलोक के समाचार जैसी थीं हमारे साथ घटतीं दुर्घटनाएँ
संसार का कोई ट्रांसमीटर उन्हें ग्रहण नहीं करता, हम दो त्याग दिये गए शरीर थे ज़माने में
इस क़दर नष्ट थे हम, इतने तबाह कि एक-दूसरे से अपना हाल छुपाते थे अपने कलेजे को मुँह में छिपाकर लाचार मुस्कुराते थे
यही था एकमात्र छल जो हमने एक-दूसरे से किया था इस जीवन में

फिर हम मिलने से बचने लगे
मैं छोटे-मोटे काम करता रहा और मूँगफलियाँ खाता रहा, रात में शहर में हर निर्जन में, अँधेरे में, सारी सन्दिग्ध सड़कों पर
भिखारियों, लावारिस लाशों, हिजड़ों और टैक्सियों से लस्त-पस्त अपने घर को लौटती थकी हुई वेश्याओं
और बस अड्डों, होटलों के आस-पास, वीआईपी बँगलों, शादियों, मुर्दाघरों...
मैं हर जगह इनसोम्निया में चलता था उसे वहाँ कहीं खोज लेने से डरता हुआ

मैं अगर उससे मिलता तो याद दिलाना चाहता वह प्राचीन सिद्धान्त
जो अब सिर्फ़ मेरी जर्जर क़मीज़ में बचा था

फिर यों ही जीवन गुज़रा इस समाज में जैसे गुज़रता है दीन और निरुपाय
क़मीज़ फटी, सीढ़ियाँ दिखती थीं, उन्हें चढ़ना-उतरना होता था
मैं हँसता था कि मैं देखो यहाँ कभी दुनिया बदलने आया था

फिर एक के पीछे लग लिया मैं भी, जैसे राजधानी के सारे कवि लगे हुए थे
वह मुझे यहाँ ले आया दारू पार्टी में, इस कमरे में, जहाँ वर्षों से चल रही है एक बहुत पुरानी घड़ी

यहाँ वह थी, पाँच लड़कियों द्वारा चारों ओर से घिरी किसी कुएँ की तरह
वह बार-बार किसी पुलक से भरकर अपने समूचे वजूद से हँसती थी
कशिश से भरी उसकी आँखों में प्रसन्नता की कौंध थी
हीरे की तरह जिसकी नुकीली कनियाँ मेरी आत्मा में चुभती थीं
वह हँसती थी मेरे आर-पार देखती हुई
फिर मैंने सुनी उसकी भाषा... 'मेरे को लिटा दो कहीं भी मेरे को चढ़ गई है क़सम से...'

मैं अपनी पुरानी क़मीज़ की जेबों में पुराने सिद्धान्त खोजते हुए रोता था
दारू पीते हुए मूँगफलियाँ छील-छीलकर
मैंने सारे कमरे को भर दिया था
जब मैं बाहर निकला तो वैसी ही सड़क थी
एक अन्धी सुरंग थी, जिसमें मेरे लिए कोई नौकरी न थी
तमाम तरह के होर्डिंग्स लगे थे, बाज़ार में अत्यन्त महँगी चीज़ें कौड़ियों के भाव बिक रही थीं

कुछ अपराधियों, नेताओं, लफंगों, प्रवचनकारियों, ख़ूँख़ार अभिनेताओं और नंगी अभिनेत्रियों के पोस्टर लगे थे
पता चला किसी की हत्या हो गई है
राजधानी में कहीं कोई हादसा हुआ है और पूरी दिल्ली में कर्फ़्यू है

कफ़्र्यू लेकिन उस कमरे में नहीं था, वहाँ डाँडिया था या डिस्को था
वहाँ भीमसेन जोशी थे या माइकेल जैक्सन, मैडोना थी या लता मंगेशकर,
वहाँ नीबू और नमकीन था, वर्षों से एक घड़ी लगातार चल रही थी
अख़बार था, जिसकी ख़बरें सोडे और शराब से सील गई थीं

और वहाँ बीचों-बीच कालीन बिछा था, कालीन पर बीसवीं सदी की
अन्तिम आवाज़ें थीं, मजे और कराह और ग्लानि और लालच में डूबी हुईं
किसी स्वर्ग जैसा कोई नरक था वहाँ

और उस कमरे में जो हवा थी वह मेरी ही साँस थी फ़क़त जिसके भीतर
वह छठी लड़की हँसती थी

मैं बाहर ठंड और अँधेरे में अपनी पुरानी क़मीज़ में पुलिस और गुंडों
से बचता
इस समूचे समय को मूँगफली के छिलकों से पाटता
किसी कोढ़ी
या किसी भिखमंगे फकीर
या किसी आतंकवादी की तरह
दिल्ली में घूम रहा था।

वास्तविकता के बारे में एक कविता

अगर आप वास्तव में जानना चाहते हैं वास्तविकता
तो सच यह है कि यह युद्ध किसी भी धर्म के किसी भी परमपिता की
स्मृति में नहीं लड़ा गया। रक्तपात जो हुआ थोड़ा-बहुत और जो इस देश
में हमेशा से होता आया है, उसमें बहुत गम्भीर और विकसित क़िस्म के

हथियार नहीं थे।
यह लड़ाई अचानक ही शुरू हुई थी।
शाम का वक़्त था और जीवन की थकान भी थी।

बच्चों के झगड़ों पर हम अक्सर बहुत विचार करते हैं। जब कि ग़ौर से देखें तो यह होता है किसी भी महान और बड़े युद्ध का ही छोटा रूप। बच्चे भी
इस युद्ध में क्लासिकी गम्भीरता से मुब्तिला होते हैं। क्योंकि संसार में सबसे ज़्यादा होते हैं बच्चे ही गम्भीर।

तो मान लीजिए युद्ध हुआ दो बच्चों के बीच। युद्ध होता ही है दो पक्षों या दो बच्चों के बीच। उनमें से एक होता है जो करता है अन्याय। और दूसरा उस अन्याय को जानता है। वैसे तो, जो बच्चा होता है भावुक और कुछ अतिरिक्त संवेदनशील, वह बहुत साधारण, बहुत मामूली घटनाओं में भी देख लेता है अपने प्रति होता हुआ अन्याय।

लेकिन हम शोर नहीं चाहते। हम आख़िर बच्चे नहीं हैं। बड़े हैं। और बड़े शोर नहीं चाहते। वह चाहे न्याय के पक्ष में हो या अन्याय के विरुद्ध। हम डाँटकर दोनों बच्चों को चुप करा देते हैं।
बड़ों की यही भूमिका होती है बच्चों के जीवन में। उन्हें ख़ामोश रखने की।

बहरहाल, अब हम अगर उस भावुक बच्चे से पूछें उसके रोने और उसके इस ग़ुस्से का कारण तो एक विश्लेषण होता है उसके पास। बहुत निर्दोष, पारदर्शी, मानवीय और समझ में आने वाला तर्कसंगत विश्लेषण। वहाँ एक भावुक लेकिन बहुत ईमानदार और बहुत निश्छल तर्क होता है।

हम बड़े हैं और हम जानते हैं कि ऐसी ही भावुक और निश्छल और मानवीय धारणाओं पर रखी जाती है नींव किसी नैतिक दर्शन, किसी शास्त्र या राजनीतिक सिद्धान्त की। कई धर्मग्रंथों, विचारधाराओं और

कविताओं की बुनियाद में होता है ऐसा ही बचपन। लेकिन हम बड़े हैं और हम यह भी जानते हैं कि ऐसी धारणाओं और ऐसे बचपन के कारण ही रहता है हमारा जीवन भी अशान्त और होती है दुनिया-भर में उथल-पुथल।

बस, यही वजह है कि हम उस भावुक बच्चे से सहमत रहते हुए भी करते हैं उसकी भावुकता और उसके दृष्टिकोण का विरोध।
हम कहते हैं भावुकता बहुत बुरी चीज़ होती है। यह कुछ नया रचने के पहले करती है पहले की बनी तमाम चीज़ों की तोड़-फोड़।

भावुकता को बचपन में ही कुचल देना चाहिए। भावुकता और संवेदनशीलता को दूर तक खदेड़ना चाहिए कुदाल लेकर और उसे गाड़ देना चाहिए बचपन के किसी मैदान में।

क्योंकि हम बड़े हैं। और हम सोचते हैं कि जैसी यह दुनिया है और जैसी यह होती जा रही है लगातार
उसमें कैसे जाएगा यह लड़का ऐसा सिर
लेकर? परिणाम यह कि हम होते हैं भावुक बच्चे के प्रति ही कठोर

ग़लत मत समझिए।
यह कठोरता एक पिता की है बच्चे के भविष्य को निश्शंक और सुरक्षित बनाने के हित में।
लेकिन वह बच्चा हमें घूरता है, अपनी सूजी हुई आँखों से लगातार। वह रहता है चुप और उसकी धारणा बनती जाती है कि

बड़े हमेशा ही करते हैं अन्याय
यही वह धारणा है जो बन्द करती है उसका रोना और पैदा करती है उस बच्चे के मन में बड़ों के प्रति अविश्वास।
बड़ों के प्रति बच्चे के मन में यह धारणा भविष्य तक जाती है और

इसी भावुकता के साथ वह होता जाता है वयस्क। वह धीरे-धीरे
बनाने लगता है एक ऐसी दुनिया, जिसे हम चाहते हुए भी
करते रहते हैं जिसका विरोध।

और अब रहा दूसरा बच्चा। यानी इस लड़ाई का दूसरा पक्ष।
तो हम अच्छी तरह जानते हैं कि उसने ही किया है अन्याय। कि वह
है भविष्य के एक अन्यायी का बचपन। हालाँकि जो बदल सकता है।

हम इस दूसरे बच्चे से बाँध लेते हैं उम्मीद कि वह नहीं होगा असफल
हमारी तरह ज़माने में।
वह छलेगा दूसरों को, हमारी तरह छला नहीं जाएगा।

और हम किसी जिज्ञासु शिष्य की तरह उस बच्चे से पूछते हैं उसके
अन्याय के बारे में उत्सुकता के साथ।
लेकिन वह कहता है पूरी ईमानदारी से कि उसने नहीं किया है
कोई अन्याय। उसके पास भी होता है एक अलग विश्लेषण

उतना ही ईमानदार, निर्दोष और पारदर्शी। वह बच्चा वास्तव में
मानता है कि उसने नहीं किया है कोई अन्याय।
और हम देते हैं ईश्वर को धन्यवाद कि
चलो वह बच्चा कम से कम जियेगा तो एक
दुविधाहीन जीवन!

यह नहीं रहेगा कभी हमारी तरह अशान्त।
यह नहीं बनेगा मुक्तिबोध और दौलत कमाएगा।
होगा यशवान अपनी पराजय के पहले तक।

सहानुभूति की माँग

आत्मा इतनी थकान के बाद
एक कप चाय माँगती है
पुण्य माँगता है पसीना और आँसू पोंछने के लिए एक
तौलिया
कर्म माँगता है रोटी और कैसी भी सब्ज़ी

ईश्वर कहता है सिरदर्द की गोली ले आना
आधा गिलास पानी के साथ

और तो और फकीर और कोढ़ी तक बन्द कर देते हैं
थककर भीख माँगना
दुआ और मिन्नतों की जगह
उनके गले से निकलती है
उनके ग़रीब फेफड़ों की हवा

चलिए मैं भी पूछता हूँ
क्या माँगूँ इस ज़माने से मीर
जो देता है भरे पेट को खाना,
दौलतमन्द को सोना, हत्यारे को हथियार,
बीमार को बीमारी, कमज़ोर को निर्बलता
अन्यायी को सत्ता
और व्यभिचारी को बिस्तर

पैदा करो सहानुभूति
कि मैं अब भी हँसता हुआ दिखता हूँ
अब भी लिखता हूँ कविताएँ।

पंचनामे में जो दर्ज नहीं है

वे सभी अवश्य किसी और की प्रतीक्षा में थीं
जब उन्हें पारस्परिक अँधेरे में घसीटा गया
आग के आस-पास उन पर रंग चढ़ाए गए
उन्हें पवित्र कर उन्हें जरी और गोटे के कपड़ों से मढ़ा गया
तेल और हल्दी और चन्दन का उबटन लगाया गया

वे बिस्तर की तरह ठंडी
और किसी लावारिस लाश की तरह बेबस थीं
जब सारी खिड़कियाँ-दरवाज़े बन्द कर
बाजे-गाजे के साथ उनकी जंघाएँ खोली गईं
वे ज़ायक़ेदार व्यंजनों की तरह मसालों की ख़ुशबुओं में महकती थीं

बरनम वन से काटकर लाए गए बाँस की अभागी बाँसुरियाँ
हत्यारों की उत्तेजित शिरा में
जिनकी धुनें लगातार बजती थीं

मसलने के लिए फूल, धुनने के लिए रूई, जलाने को कपूर
कुचलने को घास
जो उन्हें खाता वे उसका स्वाद थीं

सुबह-सुबह चादरों और उनके कपड़ों में
रात के रक्तपात के धब्बों से अनुमान लगाया गया
वे कितनी अक्षत और निष्कलंक थीं

हर रात सन्देह की आग से वे बिना जले निकल आतीं
और घर के काम-काज में बिना तनख़्वाह माँगे लग जातीं
उनके गर्भ और अतीत की तमाम सन्देहास्पद गलियों में जासूस तैनात
किये जाते लेकिन बिना कोई सबूत वे छतों और बाज़ारों और आँगन
और बालकनियों में
निरपराध तितलियों और गौरइयों की तरह चहकतीं

चुपके से, उनसे छिपाकर, उनकी चिट्ठियाँ खोली जातीं
उनकी चिट्ठियों में उनके सारे झूठ पकड़ में आते—
हम बहुत सुखी हैं। इस बार तीज में ख़ूब लड्डू बनाए गए।
छुट्टियों में नैनीताल गए थे। गुड्डू अपनी क्लास में फर्स्ट आया है।
भइया के लिए उसके जीजा जी ने सूट का कपड़ा ख़रीदा है...

शादियों में वे ख़ूब हँसती थीं, ख़ूब खाती थीं।
गहने और असंख्य रंगों के कपड़े पहनकर एक-दूसरे को जलाती थीं
लेकिन अँधेरे में आईने के सामने उनकी नाक से ख़ून बहता था

वर्षों तक, उन्हीं के ख़ून और उन्हीं के रज से उनको नहलाते हुए
जब किसी एक दिन उन्हें मिट्टी के तेल या पेट्रोल में
भिगोया गया और एक तीली उन्हें दिखाई गई
या जिस तकिये में उन्होंने 'गुडनाइट' या 'नमस्ते' और अज्ञात फूल
काढ़ रखे थे
वही तकिया
उनकी नाक में देर तक दबाया गया

और वे हवा से सिर्फ़ एक साँस पाने के लिए उसी तरह तड़पीं
जैसे सम्भोग के दौरान किसी सांत्वना-भरे स्पर्श के लिए तड़पती थीं
जैसे मछलियाँ बुलबुलों के भीतर की हवा के लिए तड़पती हैं

या जब वे चौथी मंजिल से नीचे कूद गईं
या जब एक दिन घर-भर में चूड़ियों के टुकड़े, ख़ून और अपने बाल
बिखेरकर वे कहीं अकेली भाग गईं
और बिना पूछे कहीं भी जाने वाली रेलगाड़ी में बैठ गईं

या जब बिना किसी को कुछ बताए
उन्होंने ख़ुद ही चुपचाप सल्फ़ास खा लिया

वे मदर टेरेसा और मेधा पाटकर को नहीं जानती थीं
अंग्रेजी बोलने वाली सम्पन्न औरतें जो उन्हें उनके अधिकारों के बारे में
सचेत करती थीं
उन्हें वे मेमें मानती थीं, सिगरेट पीने वाली, पति बदलने वाली उन पर वे
ताज्जुब से हँसती थीं और उन्हें कोसती थीं

वे तो बहुत पुरानी लकड़ी के किवाड़ों में लगी कुंडियाँ थीं,
रोज़-रोज़ अमचूर, नीबू और राख से चमकाई जाने वाली
पीतल की कड़ाहियाँ थीं।
वे तो पिता द्वारा वहाँ गमले में रोप दी गईं तुलसी का पौधा थीं...
वे किसी जर्जर नाव की सड़ी-गली कमज़ोर पतवारें थीं
जिन्हें कोई स्वार्थी और क्रूर मल्लाह
समुद्र में पीटता था...

यह तथ्य पंचनामे में पुलिस दर्ज नहीं करती
लेकिन हर कोई इसे देख सकता है
कि ठीक मृत्यु के बाद

एक बहुत सघन
एक बहुत स्वतंत्र-सी हँसी उनके होठों पर आती है

उनके शव के इर्द-गिर्द और उनके शरीर पर पाई गई
चीज़ों और चोटों की सूची में इस हँसी का
ब्यौरा अक्सर छूट जाता है
शायद उन सभी के जीवन में
उनके गोपनीय अतीत में
कभी न कभी ओस की कोई बूँद एकाध बार गिरती ज़रूर है
जिसकी स्मृति में
वे अपने जीवन-भर हरी होती रहती हैं
पहले सबसे छुप कर
और मृत्यु के समय
निर्लज्ज सबके सामने!

घर

इस समय
जब कि कोई भी वाक्य पहले का अर्थ नहीं देता
मैं कहना चाहता हूँ
'मैं घर जाना चाहता हूँ?'

यह मेरी आत्मा और मेरे
हृदय की आवाज़ है
अगर ऐसी चीज़ें अब भी हैं तो

इस समय
जब कि 'घर' का वह अर्थ नहीं रहा
जब कि मैं बूढ़ा हो रहा हूँ
जब कि शीशम के पेड़ नहीं रहे और
सरौतियाँ और पहले वाली बुढ़िया नहीं रही
इस समय
जब कि बच्चे लालटेन के चित्र किताबों में देख रहे हैं

इस समय
मैं शायद बहुत मलीन, बहुत भावुक और बिलकुल बच्चा
हो रहा हूँ
यह जानते हुए भी मैं कह रहा हूँ
'मैं घर जाना चाहता हूँ'

मेरी आत्मा की आवाज़ है यह

जब कि घर रोज़गार नहीं है
जब कि कोठरियों में बाज़ार नहीं लगा है

जब कि घर से दूर मेरा शरीर आज ख़ुद एक घर है बाढ़ में डूबा
जब कि इस घर में कई प्राणी बसते हैं

इस समय जब कि घर की ओर जो ताकता है
वह नष्ट हो रहा है
जो उस दिशा को जा रहा है वह हार रहा है
और यथार्थ उसे निर्ममता के साथ सरलतापूर्वक मिटा रहा है

जब कि सब लोग घर छोड़-छोड़कर बाहर निकल रहे हैं
जब कि कूच की तैयारी है, सब सामान बाँध रहे हैं

मैं कह रहा हूँ
'मैं घर जाना चाहता हूँ'

जब कि इस वाक्य के सारे हिज्जे
अनिश्चयवाचक हैं
मुझे पता है वे वह अर्थ दे भी नहीं रहे हैं
जो आप ले रहे हैं और जो मैं उन्हें देना
चाहता हूँ

इस समय
सिर्फ़ मेरा हृदय जानता है
किस हाल में मैं इस वाक्य का इस्तेमाल कर रहा हूँ

और वे जानते हैं
जो मेरी तरह
अपने-अपने घर जाना चाहते हैं।

किसका शव

यह किसका शव था यह कौन मरा
वह कौन था जो ले जाया गया है निगमबोध घाट की ओर

कौन थे वे पुरुष, अधेड़
किन बच्चों के पिता जो दिखते थे कुछ थके कुछ उदास
वह औरत कौन थी जो रोये चली जाती थी
मृतक का कौन-सा मूल गुण उसके भीतर फाँस-सा

गड़ता था बार-बार
क्या मृतक से उसे वास्तव में था प्यार

स्वाभाविक ही रही होगी, मेरा अनुमान है, उस स्वाभाविक मनुष्य की मृत्यु
एक प्राकृतिक जीवन जीते हुए उसने खींचे होंगे अपने दिन
चलाई होगी गृहस्थी कुछ पुण्य किया होगा
उसने कई बार सोचा होगा अपने छुटकारे के बारे में
दायित्व उसके पंखों को बाँधते रहे होंगे

उसने राजनीति के बारे में भी कभी सोचा होगा ज़रूर
फिर किसी को भी वोट दे आया होगा
उसे गम्भीरता और सार्थकता से रहा होगा विराग

सात्विक था उसका जीवन और वैसा ही सादा उसका सिद्धान्त
उसकी हँसी में से आती होगी हल्दी और हींग की गंध
हालाँकि हिंसा भी रही होगी उसके भीतर पर्याप्त प्राकृतिक मानवीय मात्रा में

वह धुन का पक्का था
उसने नहीं कुचली किसी की उँगली
और पट्टियाँ रखता था अपने वास्ते

एक दिन ऊब कर उसने तय किया आख़िरकार
और इस तरह छोड़ दी राजधानी
मरने के पहले उसने कहा था...परिश्रम, नैतिकता, न्याय...

एक रफ़्तार है और तटस्थता है दिल्ली में
पहले की ही तरह, निगमबोध के बावजूद
हवा चलती है यहाँ तेज़ पछुआ

ख़ासियत है दिल्ली की
कि यहाँ कपड़ों के भी सूखने से पहले
सूख जाते हैं आँसू।

कौए और लेखक का दिल्ली में देहान्त

उन्हें पंजाबी बाग़ ले जाया गया है, आप सीधे वहीं पहुँचें
मुझे फ़ोन पर बताया गया
रिंग रोड वाली कोई भी बस ले लें, राजा गार्डन के बाद वाले
स्टॉप पर उतर जाएँ
वहीं सब इकट्ठा हो रहे हैं
आकाशवाणी में कपूर साहब को बोल दिया था उन्होंने आश्वासन दिया है
दोपहर की न्यूज़ में आ जाएगा त्रिपाठी जी कोशिश कर रहे हैं
कल हिन्दी के अख़बारों में भी आ जाएगा
आप भी दस्तख़त कर दें शोक संवेदना प्रस्ताव पर
अकादमी तो कुछ करेगी नहीं आप जानते ही हैं चौधरी साहब
उन्हें सख़्त नापसन्द करते थे

राजा गार्डेन के बाद वाले स्टॉप पर दुकानें, ठेले और रेहड़ियाँ
ही दिखीं
बसें और कारें आ-जा रही थीं
फल बहुत बिक रहे थे हालाँकि धूल उन पर बहुत थी

मैं कहाँ जाऊँ यहाँ तो कोई एकत्र नहीं है
जो एक साथ दिख भी रहे हैं वे अजनबी हैं एक-दूसरे से
और सब अलग-अलग जगहों को जाएँगे

उनमें कोई शोक भी नहीं दिख रहा किसी निधन का
निगमबोध होता तो आसानी से पहुँचा जा सकता था
पता नहीं किसने सुझाव दिया उन्हें पंजाबी बाग़ ले जाने का
हो सकता है सुविधाजनक रहा हो पंजाबी बाग़
उनके किराये के मकान से नज़दीक पड़ा होगा

कहा जाता है निगमबोध में बहुत मारा-मारी है
भ्रष्टाचार तो है ही
लकड़ी कम तौलते हैं वजन बढ़ाने के लिए गीली कर देते हैं

कौन कितना जला इससे उन्हें क्या? किसकी अस्थियाँ किसके साथ मिल जाएँ कौन जाने?
शवों के साथ लाए गए नारियल तक बेचते हैं हर लाल-बत्ती पर
ठीक है कि पंजाबी बाग़ में यमुना नहीं है लेकिन दिल्ली में अब यमुना भी कहाँ संस्कार के लायक रह गई है
गनीमत है यहाँ कि कम से कम कुछ पेड़ तो हैं और कौवे भी दिखाई देते हैं कहीं-कहीं बोलते हुए

बहुत देर बाद एक थके और पस्तहाल सज्जन जैसे कोई दिखे
रास्ता पूछ रहे थे, परिचय हुआ
राजा गार्डन से पंजाबी बाग़ तक का साथ दिल्ली में बहुत बड़ा साथ है
जैसे एक पूरी उम्र गुज़रती है किसी के साथ
लगा उनको इतना जानने लगा हूँ जितना उनको भी नहीं जानता
जिनका आज सुबह हुआ है निधन

हमने बहुत बातें कीं उस दिन, दमे के बारे में, अपनी सन्तानों, प्रदूषण, महँगाई, अपराध और दिक़्क़तों के बारे में
और कौवों के भी बारे में जो अब ख़त्म होते जा रहे हैं लगातार
मद्रास में अभी भी काफ़ी हैं उन्होंने बताया

पिछले साल मैं गया था, सच पूछिए तो मैं वहाँ
समुद्र नहीं, कौवों को ही देखता रहा

मैंने भी निश्चय किया है कि अगर संयोग रहा और भाग्य ने साथ दिया
तो मैं भी मद्रास जाऊँगा
लेकिन आप तो जानते ही हैं कि हिन्दी का स्वतंत्र लेखक
अपने वास्तविक पारिश्रमिक के दम पर मद्रास तो क्या
दिल्ली से आगरा भी नहीं जा सकता

लेकिन मैंने निश्चय किया है कि मैं कौवों के लिए अकादमी और
संस्कृति सचिव और
मानव संसाधन मंत्रालय के सामने गिड़गिड़ाऊँगा
और साहित्य के नम्बर दो के रास्ते से इस साल मद्रास जाऊँगा

जहाँ इतना सारा पतन हो रहा है
वहाँ एक स्वतंत्र लेखक का कौवों के लिए
यह पतन क्या आप क्षमा नहीं करेंगे?

दिसम्बर

अयूब भागो
अम्माँ भागो

इस नदी से डरो नहीं
आँसू की है, सिर्फ़ घुटने तक चढ़ेगी
हद से हद घाव हुआ

तो नमक जलेगा बस

अम्माँ
अयूब चल क्यों नहीं रहा?
पापा सोते क्यों जा रहे?

अम्माँ आप लोग कहाँ हो
और सारे सब लोग कहाँ हैं?

वो नदी भी कहाँ गई?

मुझे कुछ, अम्माँ,
दिखता क्यों नहीं?

तीली

सबसे सरल है
सबसे मुश्किल और महान् चीज़ों को नष्ट करना

सिर्फ़ एक तीली
इतिहास की सबसे प्राचीन और दुर्लभ
पांडुलिपि को राख बना देने के लिए

एक तीली
अब तक पढ़ी न जा सकी, लुप्त सभ्यताओं की
अज्ञात लिपियों को राख

किसी मिथक-नायक के शौर्य और शोक को राख
किसी समाज के स्मृति-कोष किसी समुदाय के प्राक्-बिम्बों को राख
किसी समूह की अस्मिता
किसी ग़रीब का घर
किसी स्त्री की जवान देह को राख

किसी आस्था के ईश्वर
किसी धर्म के पैग़म्बर को राख

सिर्फ़ एक तीली चाहिए
किसी चिम्पाजी, किसी गुंडे या गुरिल्ला की
एक ज़रा-सी हरक़त

एक रुपये का चाक़ू, बीस पैसे की ब्लेड,
दो पैसे की तीली
या किसी अपराधी का मामूली-सा पराक्रम
ज़रूरत से कुछ ज़्यादा ही है
मोनालिसा की रहस्यपूर्ण उस हँसी की हत्या के लिए

डेढ़ किलो का मटिया लोहे का एक घन
स्थापत्य के इतिहास में संगमरमर के
सबसे ज़हीन और सबसे अद्‌भुत गुम्बद को मलबे में बदलने के लिए

एक अँधेरा कोना
एक ज़रा-सी फ़ुर्ती

डेढ़ औंस का ढला हुआ सीसा
किसी कवि, किसी संन्यासी, किसी सूफ़ी, किसी मुँहफट जोकर,
किसी विरोधी को

राजधानी की सड़क पर सदा के लिए
चुप और ठंडा करने के लिए

सबसे संक्षिप्त और सबसे सरल है
सबसे लंबी और जटिल प्रक्रिया में बनी
चीज़ों को ख़त्म करना।

वसन्त की धूप में महिला, मूँगफली और कुछ लोग

धूप मूँगफ़लियों और हमारे सिरों पर एक जैसी गिर रही थी।

धूप में ताप तो होता है लेकिन
वज़न नहीं होता, पता नहीं क्यों?
वह महिला अपनी भाषा को धूप में सुखा रही थी
और मूँगफलियाँ खा रही थी
उसने कई शब्द भी खा डाले थे इस बीच

इर्द-गिर्द बैठे लोग हँसते जाते थे बीच-बीच में
और उनके छिलके उतरकर
इकट्ठा हो रहे थे घास के ऊपर

अपनी मूर्खता के कारण बेक़ाबू सुन्दर लगती
वह महिला जब कि घाघ थी बहुत
अपनी बातों में बहे जाते उन सबको

छिलकों के बिना झाँककर वह ख़ुश थी भीतर-भीतर
हालाँकि वह मूँगफलियों और उन्हें
समान भाव और समान लालच से देख रही थी

हम में से एक था जो पिछले कुछ हफ़्तों से स्वयं को काजू सिद्ध करने में
गम्भीरता से लगा था
उसका भी छिलका उतरा आख़िरकार और उसे अचानक धूप लगी
उसने टिप्पणी की—'जाड़ा, लगता है, गुज़र गया'
वह उठा तो उसकी पैंट में हज़ारों मूँगफलियों के छिलके चिपके
हुए थे और वह उन्हें झाड़ना चाहता था

महिला ने देखा इस असफल काजू को और कहा—
'इतनी बड़ी और असामान्य मूँगफली, ओह!'

दोपहर का एक बज चुका था
धूप तेज़ हो चुकी थी और
वहाँ पर सिर्फ़ मूँगफलियों के छिलके पड़े हुए थे
और एक महिला बैठी थी अकेली
मूँगफली का आख़िरी दाना चबाते हुए

अपने बीमार पति और अमीर प्रेमी के बीच
उसने अचानक जाना कि वह भी है एक मूँगफली ही अन्ततः

देखो,
देखो, वसन्त की धूप में
मूँगफली के छिलकों के बीच रोती हुई
एक अकेली असफल महिला
कितनी दारुण होती है।

महाभारत के बाद

धोबी का लड़का कुछ शैतान है
और सभ्यता की उसमें निहायत कमी है
वह महाभारत देखना चाहता है टीवी में और अपने साथ
अपनी मैली-सी बहन को भी ले आता है

एक दिन ऐसा होगा कि यह सीरियल ख़त्म हो चुका होगा

फिर तो धृतराष्ट्र
पूरी दिल्ली में पूछता फिरेगा किसी धोबी का पता
और उसके कान से टकराएँगी लगातार हॉर्न की आवाज़ें

महाभारत के ख़त्म होने के बाद कालचक्र कहता है कि
सिर्फ़ हॉर्न बजते हैं
और खोजने पर भी इन्द्रप्रस्थ में कहीं कोई धोबी नहीं मिलता

महाभारत के बाद
हर किसी के कपड़ों पर दिखाई देते हैं ख़ून के दाग़।

प्रधानमंत्री रमेश जी के बारे में एक कविता

रमेश जी का जब निधन हुआ
तो वे पटना में थे

अख़बारों में नहीं छपा उनके स्वर्गवास का समाचार

वे अपनी दाढ़ का इलाज कराने
कूचा बल्लीमारान के हक़ीम हाफ़िज़ मियाँ के
पास गए थे

कूचा बल्लीमारान तो पुरानी दिल्ली में है
और हक़ीम हाफ़िज़ मियाँ का दवाख़ाना
लखनऊ के कम्पनी बाग़ के पीछे की सड़क पर

कम्पनी बाग़ तो इलाहाबाद में है
जहाँ मारे गए थे
चन्द्रशेखर आज़ाद

और हक़ीम हाफ़िज़ का उल्लेख
बाबरनामा में मिलता है
वे काबुल में बस गए थे
जब पहली बार बाबर हारकर लौटा था

अच्छा हो, हम स्थानों और तथ्यों के
इस जंजाल में अपना सिर न खपाएँ
क्योंकि हर मूल सत्य अपने मूल उद्गम में
होता है स्थानहीन और तथ्यहीन

तो मूल सत्य यह है कि
रमेश जी का जब स्वर्गवास हुआ
तब तक वे नहीं बन सके थे प्रधानमंत्री
और लाल क़िले पर भाषण दे पाने का
मौक़ा उन्हें नहीं मिल पाया था

जब रमेश जी का देहान्त हुआ
उस दिन बारिश नहीं हो रही थी
धूप नहीं थी
बादल भी नहीं छाए थे
उस दिन कोई दिन ही नहीं था

बल्कि असल में मूल सत्य यह है
कि उस दिन रमेश जी की दाढ़ में
दर्द था

और अगर वह दिन था तो वे
लगभग दोपहर में चीख़े थे दर्द के मारे
उनकी नौकरी छूट गई थी
दाढ़ के दर्द के मारे
पत्नी ने उन्हें तज दिया था
और वे शहर से निकाल दिये गए थे
दाढ़ के दर्द के कारण

मूल सत्य था दाढ़ का दर्द
जिसने रमेश जी का
रमेश जी से सब कुछ छीन लिया था

फिर वे किसी तरह चलते-चलाते
हक़ीम हाफ़िज़ मियाँ के पास
पटना में कूचा बल्लीमारान पहुँचे थे

पटना नहीं, पुरानी दिल्ली
नहीं लखनऊ, कम्पनी बाग़ के पीछे,
नहीं इलाहाबाद, जहाँ मारे गए थे चन्द्रशेखर आज़ाद

या कहीं और
या कहीं भी नहीं

लेकिन मूल सत्य तो दाढ़ का दर्द है

दाढ़ का दर्द रमेश जी को अपने परिवार से
विरासत में मिला था
लेकिन विरासत में नहीं मिला था उन्हें
प्रधानमंत्री का पद
इसीलिए जब उनका निधन हुआ था
तब दाढ़ का दर्द इतना ज़बर्दस्त था
कि वे पन्द्रह अगस्त को
लाल क़िले पर भाषण नहीं कर पाए थे

मेरा तो निष्कर्ष है यह
कि अगर उस दिन
उस अमुक स्थान पर
रमेश जी का आकस्मिक स्वर्गवास न होता
तब भी वे प्रधानमंत्री न बनते
क्योंकि ऐसा आदमी कैसे हो सकता है प्रधानमंत्री
जो खाता हो आलस पहनता हो पाजामा
और जिसकी विरासत हो दाढ़ का दर्द

हिन्दी के प्रसिद्ध आधुनिक कवि
रघुवीर सहाय ने इमर्जेंसी के ख़िलाफ़
अपनी कविता में रमेश जी का ज़िक्र किया है :

'एक दिन ऐसा आएगा
रमेश

जब ख़तरा होगा
ख़तरे की घंटी होगी
और बादशाह
उस घंटी को बजाएगा रमेश'...

रमेश जी भी चाहते तो, और उनमें
लगन होती तो वे
कविता लिखकर रघुवीर सहाय हो सकते थे
अभिनेता भी बन सकते थे
उनमें अभिनय की ग़ज़ब की प्रतिभा थी
जिसका परिचय उन्होंने
दाढ़ के दर्द के मामले में दिया था
जो कि उन्हें कभी था ही नहीं वास्तव में

वे अच्छे पार्श्वगायक के गुण भी
सहजता से अपना सकते थे

लेकिन मूल सत्य तो यह है
कि रमेश जी को वास्तव में
दाढ़ का दर्द था
और इसी के कारण
तब तक उनका जन्म नहीं हो सका था
जब हुआ उनका
आकस्मिक देहान्त

और दाढ़ के दर्द के कारण ही
अख़बारों में नहीं छप पाया उनके निधन का
समाचार

सत्य तो यह है
कि अगर रमेश जी की दाढ़ न होती
तो यह दर्द भी न होता

तो वे एक दिन अवश्य जन्म लेते
तो वे एक दिन प्रधानमंत्री अवश्य बनते
टी वी पर भी दिखते

फिर होते-होते
एक दिन उनका बहुप्रतीक्षित
निधन भी होता
फिर स्कूलों में और दफ़्तरों में
छुट्टी हो जाती

तो, रमेश जी
कितना मज़ा आता?

पंजाब : कुछ कविताएँ

[एक]

कितनी नदियाँ हैं अब
पंजाब में?
कितना और कितनी बार बँटवारा
हो चुका है पंजाब का?

कितने मन्दिर और कितने गुरुद्वारे हैं
पंजाब में?

कुल मिलाकर कितने यूनियन कार्बाइड हैं
पंजाब में?
बताओ प्रार्थना करते लोगों के फेफड़ों में
कितना मिथाइल आइसो सायनेट है?

बताओ
पंजाब में
कितने भोपाल हैं?

ये सारे प्रश्न
अब अनिवार्य हैं।

[दो]

आओ,
इस देश के शान्त से लगते
और ख़बरों के बाहर पड़े किसी इलाक़े को
एक और पंजाब बनाएँ
और देखें
कि आख़िर कैसे बनाया जाता है पंजाब।

[तीन]

पंजाब से फिर आई है ख़बर

कौन है आख़िर जो सुनना चाहता है

पंजाब की ख़बर
कौन है वह
जो हर रोज़ सुनाना चाहता है
पंजाब की ख़बर

रोको उसे,
जो हर सुबह जब बच्चे दूध पीते हैं
जब हम रात के स्वप्नों में फिर एक बार
लौटना चाहते हैं
तो हर रोज़ किसी काने ख़लनायक की तरह
पंजाब की बात चलाता है

क्या हमें भूलने नहीं दिया जाएगा
कभी पंजाब

कब होगा वह दिन
जब हम होंगे बिना पंजाब के
बच्चों को गुदगुदी मचाकर हँसाते

[चार]

पंजाब है
लेकिन हवा चल रही है

लड़की स्कूल से लौट आई है
बस्ते समेत
ट्रांजिस्टर में अभी भी लता मंगेशकर
गाती है।

पंजाब में
गेहूँ अभी भी पैदा हो रहा है
रेलगाड़ियों से उतर रही हैं दुल्हनें
बसें भीड़-भाड़ से भरी चल रही हैं

मैं लिखता हूँ कविताएँ
फूल अभी भी
पौधों में आते हैं

पंजाब है तो पंजाब को होने दो
पंजाब के बावजूद
अभी बहुत-सी चीज़ें हैं
हमारे आस-पास।

व्यवस्था

सड़क के किनारे
इन्हीं फटे काले कम्बलों में दुबका
कहीं न कहीं है इल्तुतमिश

यह लावारिस गठरी नहीं
इसके भीतर
ठंड से ठिठुरे इल्तुतमिश के होने की
पूरी सम्भावना है

इल्तुतमिश को यदि पहचान लो

तो उससे पूछो—
'हलो सर कैसे हो आप यहाँ?
किस गठरी के भीतर तपेदिक़ में है वाणभट्ट
नागार्जुन काग़ज़ जला कर
किस पुल के नीचे आग तापता बैठा है?

कैसी है आजकल दिल्ली
हिन्दुस्तान कैसा है?'

इल्तुतमिश अलबत्ता समझेगा नहीं
वह अपनी ठिठुरती हथेली और
भूखा जबड़ा फैलाकर
आपसे अठन्नी माँगने लगेगा
और अगर समझा
तो रो देगा।

रात में छूट गया हारमोनियम

मैं हारमोनियम रात के भीतर बजा रहा था
गाना जो था वह अँधेरे में इतनी दूर तक जाता था
कि मैं देख नहीं पाता था

फिर एक पतली-सी दरार मुझे दिखी
मैं उसमें घुस गया
और अँधेरे की दो परतों के बीच नींद में डूबे पानी जैसा
दूर तक दौड़ने लगा

वहाँ बीस साल से एक लड़की थी जो बिना कभी दिखे
सोती जा रही थी
वह जागी तो नहीं लेकिन नींद में ही हँसी

अँधेरे में गाना था और पानी जैसा जो बह रहा था
वह मैं था

फिर तो मैं भी हँसने लगा रात में ही
अँधेरे में छुपा हुआ

एक मोटा अधेड़ उम्र का आदमी
साईं बाबा की फ़ोटो के नीचे पिस्ता खा रहा था
उसने बन्दूक़ से मुझे डराया
यों आँखें फाड़कर और मुँह को यूँ-यूँ करके

वह तो बाप निकला लड़की का, जो ग़ुस्से में था
और सो भी नहीं रहा था बीस साल से
लड़की के सपनों की पहरेदारी में

मैं क्या करता? धप्प् से कूदकर बाहर निकल आया
और उजाले में डरावने आदमी से नमस्ते करने लगा

लेकिन मेरा हारमोनियम तो
रात में ही रह गया था, बहुत पीछे
और वह बज रहा था
और लड़की हँसे क्यों जा रही थी
यह कहना मुश्किल था।

हत्या

उसने ख़ुद ही छलाँग लगाई थी दसवीं मंज़िल से
और यहाँ चला आया था, संसार में, रहने।

मत जाओ, पत्नी ने मना किया था, चोट लग जाएगी
अस्पताल के लिए रुपये भी कहाँ हैं
तुम्हारे वश में नहीं है यह सब

महान् अभिनेता ने कहा था—तुम कैसे क्या करोगे वहाँ
ले देकर एक ही मुद्रा तो आती है तुम्हें, अभिनय के नाम पर।

मसख़रों ने कहा था मत जाओ, मत जाओ संसार में
यहाँ हम तुम्हें घेर लेंगे
खेल ऐसा है कि इसमें शामिल हुए तो पूरा खेलना पड़ता है
लौट लो, वक़्त है अभी

वह ज़िद में था, बच्चों की तरह ज़बर्दस्ती रहना चाहता था
कहता था—बस हँसते रहो, हँसते रहो
कि हँसता हुआ आदमी रह सकता है
किसी भी नक्षत्र-लोक में एक नागरिक की तरह

इसके बाद जो हुआ, वह उप-संहार है
विद्वान् ही जानें कि उसकी मृत्यु से लोकतंत्र मज़बूत हुआ
या कमज़ोर

लेकिन हत्यारो, कान खोलकर सुनो,
पानी पीते हुए, हँसते हुए और किसी ज़िद में
ज़बरन कहीं बसते हुए आदमी को मारना
निषिद्ध है...

सभ्यता जब उल्लंघन करती है निषिद्ध का
तो काल का घड़ा भर जाता है
और दसवीं मंज़िल से कूदकर संसार में रहने आए
आदमी के स्वप्न की तरह
ताक़तवर से ताक़तवर यथार्थ टूट जाता है।

तिनसुकिया

अपन तिनसुकिया में बैठकर
चले जाएँगे...

यहाँ तो क्या रहना

बहुत दूर जाती है तिनसुकिया

तिनसुकिया हारे हुए मुसाफ़िरों के उम्मीद में डूबे
दिलों की तरह धड़कती है...

चलो तिनसुकिया में चलो...
लाइन हरी है

तिनसुकिया अब छूटने वाली है।

दशहरी आम

आम दशहरी यह

बन्द है इसमें
बैशाख की लू भरी दोपहर
की थकान और तपिश में
छाँह का एक छोटा-सा
घना घेरा

दशहरी आम के भीतर
भिंजा हुआ है गाँव के सबसे मीठे
कुएँ का पानी

कन्ना दी और दित्ता बुआ के घड़े का
सबसे ठंडा पानी
चुराती हैं जड़ें जिसे
धरती के अँधेरे में से रेंग कर
रात-रात भर
दिन-दिन भर

पगी हुई है इसके भीतर
उतरते जेठ में घिरे बादलों की ठंडी बौछारें
पक रही है इसमें
आषाढ़ की पहली-पहली पुरवाई की नमी

दूर पहाड़ों के ऊपर बैठकर
मानसून ने देखा है पोसा है इसे
इसके भीतर अभी तक
एक अदृश्य बारिश हो रही है

डालों ने भाई की तरह रखा है
पत्तियों ने लुका-छिपी खेली है
और आँचल में ढाँपकर
गुड़ की डल्ली खिलाई है
चपतियाँ लगाकर

पुराने ढूह के नीचे दबी
मिसरी की खदान में से निकाली हैं
नन्हीं-नन्हीं कनियाँ
इस पेड़ की हथेलियों ने
अपनी नसों में घोला है
फोहों से पिलाया है इसे

इसके भीतर
खाने लायक
पीला कपास है
मीठा

ठेले पर रखी टोकरी
और पुआल के बीच
पक रहा है दशहरी
दशहरी में उतर रहा है
आषाढ़ के बादलों और हवाओं का
रस

शहद की फुहारों से
स्वादिष्ट
कपास भीग रहा है।

सरल रेखाएँ

मैं तुम्हारे बिना रह सकता था पृथ्वी पर अपनी उम्र-भर
यह मुझे सिद्ध करना था चुपचाप

यह मैंने सिद्ध किया।

तुम भी रह सकती थीं अपनी उम्र-भर इसी पृथ्वी पर
मेरे बग़ैर

तुमने भी सिद्ध किया।

अपनी तो इसी तरह उम्र पूरी हुई आख़िरकार

अब दोनों अपना-अपना रास्ता लें
दो सरल रेखाओं की तरह
जो अनन्त तक कहीं भी न मिलती हों।

भागो

दफ़्तर से निकलता
अपने शरीर को झुलाता, अपने होने को बजाता
अपने जीवन को लिये हुए चला आ रहा कवि है

कवि के जीवन में होती है
इतनी कविता-इतनी कविता
कि दिखाई नहीं पड़ता जीवन

कवि की कविता में होता है
इतना जीवन-इतना जीवन
कि दिखाई नहीं देती कविता

कवि के डर में होता है
इतना डर-इतना डर
कि दूसरों को आ जाती है हँसी

कवि के प्रेम में होता है
इतना प्रेम-इतना प्रेम
कि घबराती है लड़की

कवि के दुख में होता है
इतना दुख-इतना दुख
कि बनते हैं चुटकुले

कवि की चीनी में होती है
इतनी चीनी-इतनी चीनी
कि बैठती नहीं कोई मक्खी

कवि की हँसी में होती है
इतनी हँसी-इतनी हँसी
कि डर के मारे रोता है बच्चा

अख़बार में अपनी रचना को छपाता
अपने जीवन को ज़ोर-ज़ोर से बजाता
इसी दिशा को चला आता
दिखाई पड़ रहा कवि है

भागो, भाई
भागो।

हम हैं ताना...हम हैं बाना

हम हैं ताना, हम हैं बाना।
हमीं चदरिया, हमीं जुलाहा, हमीं गजी, हम थाना॥ हम हैं ताना...॥

नाद हमीं, अनुनाद हमीं, नि:शब्द हमीं गम्भीरा,
अन्धकार हम, चाँद-सुरज हम, हम कान्हा हम मीरा।
हमीं अकेले, हमीं दुकेले, हम चुग्गा हम दाना॥ हम हैं ताना...॥

मन्दिर-महजिद, हम गुरुद्वारा, हम मठ, हम बैरागी
हमीं पुजारी, हमीं देवता, हम कीर्तन, हम रागी।
आखत-रोली, अलख-भभूती, रूप धरें हम नाना॥ हम हैं ताना...॥

मूल-फूल हम, रुत बादल हम, हम माटी, हम पानी
हमीं जहूदी-शेख-बरहमन, हरिजन हम ख्रिस्तानी।
पीर-अघोरी, सिद्ध-औलिया, हमीं पेट, हम खाना॥ हम हैं ताना- ॥

नाम-पता, ना ठौर-ठिकाना, जात-धरम ना कोई
मुलक-ख़लक, राजा-परजा हम, हम बेलन, हम लोई।
हम ही दुलहा, हमीं बराती, हम फूँका, हम छाना॥ हम हैं ताना...॥

छिपकली

आपके इस शहर के किसी भी मकान की दीवार पर
छत या छज्जे या गुम्बद के अँतरे कोने में

या फिर मुग़ल या ब्रिटिश शासनकाल के किसी महान् स्थापत्य की
किसी कलात्मक नक़्क़ाशी की संध में
या फिर आप लोगों के ही शासनकाल के
किसी सीवेज पाइप या फ़्लाईओवर की तलहटी,
संसद, विश्वविद्यालय या अकादेमियों की दरार में

या आयकर विभाग की आलमारी के पीछे
पुलिस थाने के पिछवाड़े

किसी भी अँधेरे में उच्छिष्ट में गर्द और रद्दी के ढेर में
सुलभ शौचालय की सीलन-भरी छत या महानगरपालिका
के कूड़ाघर में

कहीं भी रह लेंगे हम
बस आप लोग छिपकलियों से डरें नहीं

आपके उबलते दूध के पतीले में नहीं गिरेंगे कभी
अपनी खीर में नहीं पाएँगे आप हमारी ज़हर-भरी गली-पकी देह
सदा ध्यान रखेंगे आपकी नींद की अवधि में आपके सिरहाने
हम कभी न रेंगें
आपकी कालीनों या तकियों के नीचे कभी नहीं पाए जाएँगे हम

नहीं आएँगे आपके काव्यपाठ या व्याख्यान के दौरान
आपकी कुर्सियों या सभागार के गलीचों-परदों पर हम कहीं
चिपके हुए नहीं दिखेंगे क़सम से
आपके विमर्शों, पत्र-पत्रिकाओं और सम्मानित काव्य-पंक्तियों
के बीच
नहीं दिखेगा हमारा यह जैसा-तैसा अपने जैसा ही जीवन

भरोसा करिए, छिपकलियाँ
आपके सूप या शराब में कभी नहीं टपकेंगी
हर बार सुलाने और बिठाने पर हर बार आँख झपकाती
आपकी किसी चहेती बार्बी डॉल की फ्रॉक के नीचे
कभी कोई धोखे से भी दिख जाए तो कहिए

आपके फ़ोन के रिसीवर पर कभी नहीं बजेगी घंटी
हमारे कॉल की

अगर हम कभी दिख ही जाएँ बालकनी की बाहरी दीवार
से लगे हुए
उदास किसी बीमार दार्शनिक की तरह
अपने जैसे ही ख़ामोश किसी मृतक या ईश्वर के बारे में
धूप में कोई मार्मिक स्वप्न देखते हुए
तो आप डरकर कृपया चिल्लाइएगा नहीं

इस शहर के लापता कबूतरों, चूहों
और बिजली के खम्भों पर किसी छायादार वृक्ष का स्वप्न देखते
बन्दरों तक को पता है
तिल जितनी भी नहीं है हिंसा हमारे भीतर
छोटे-मोटे कीड़ों-कचड़ों से पेट भरते कीटभक्षी डोम हम
आपके पर्यावरण के

छिपकलियाँ नहीं छिपी मिलेंगी आपके बैंक के लॉकरों या
एकाउंट में
आपके पर्स या जेब में भला कैसे घुस सकती हैं बेचारी
छिपकलियाँ
क्रेडिट कार्ड के चिकने लेमिनेटेड सतह पर तो उनकी
हथेलियों का
अद्‌भुत निर्वात तकनीक भी काम नहीं कर पाता
अगर कविता या कहानी की सूची में न पाया जाए हमारा नाम
तो इसमें आश्चर्य कैसा

छिपकलियाँ भला कैसे पंजीकृत हो सकती हैं आपकी
सभ्यता में
कैसे मिलेगा उन्हें रोज़गार, राशनकार्ड, टेलिफ़ोन नम्बर

अकादमियों की 'हू इज हू' की डायरेक्टरी में कैसे हो
सकता है
हमारा नाम

वैसे किंवदन्ती है एक
एक बार एक छिपकली घुस गई थी मुसोलिनी की पतलून में
और भगदड़ मच गई थी उसकी फ़ौज में
शायद तभी से हर मुसोलिनी
एक मामूली छिपकली से डरता है

जितना वह डरता है
हमारा यह मामूली-सा जीवन उतना ही
ख़तरों से घिरता है।

एक जल्दबाज़ बुरी कविता में आँकड़े

कविता का एक वाक्य लिखने में दो मिनट लगते हैं
इतनी देर में चालीस हज़ार बच्चे मर चुके होते हैं
ज़्यादातर तीसरी दुनिया के
भूख और रोग से

दस वाक्यों की ख़राब जल्दबाज़ कविता में अमूमन लग जाते हैं
बीस से पच्चीस मिनट
इतनी देर में चार से पाँच लाख बच्चे समा जाते हैं
मौत के मुँह में

कविता अच्छी हो इतनी कि कवि और आलोचक
उसे कविता कहना पसन्द न करें या उसके कई ड्राफ़्ट
तैयार हों
तो तब तक कई करोड़ बच्चे, कई हज़ार या लाख औरतें
और नागरिक
मर चुके होते हैं निरपराध इस विश्वतंत्र में

यानी ज़्यादा मुकम्मल कविता के नीचे
एक बहुत बड़ा श्मशान होता है

जितना बड़ा श्मशान
उतना ही कवि और राष्ट्र महान्।

चंकी पांडे मुकर गया है

लोकप्रिय टी-सीरीज़ कम्पनी का मालिक गुलशन कुमार
हत्या के वर्षों बाद भी अभी तक गाता है माता के जागरण
के भजन, और दिखता है वैष्णो देवी की चढ़ाई चढ़ता हुआ,
माथे पर बाँधे हुए केसरिया स्कार्फ़
गोल-मटोल चेहरा, काले घुँघराले बाल, चमकदार
हँसती-सी छोटी-छोटी
रोमानी आँखें

हर कोई जानता है कि वह पहले दरियागंज में चलाता था
फ्रूट-जूस की दुकान

इसके बाद उसने व्यापार किया संगीत का
जिसकी कम्पनी के कैसेट के लिए गाती है अनुराधा पौडवाल
जिसके पति अरुण को अब सब भूल चुके हैं
जो पहाड़ से प्रतिभा और संगीत लेकर गया था
अपनी सुन्दर पत्नी के साथ मुम्बई अपनी क़िस्मत आज़माने
उसके नाम का आधा हिस्सा अभी भी जुड़ा है अनुराधा के साथ

कहते हैं अरुण पौडवाल की आत्मा म्यूज़िक स्टूडियो में
अभी भी आधी रात घूमती है
वह साउंड मिक्सिंग करती है रात में ग़लत सुरों को
सुधारती हुई
गुलशन कुमार की आकांक्षा थी अनुराधा को लता मंगेशकर
और अपने भाई किशन कुमार
को ट्रेजेडी किंग दिलीप कुमार बनाने की
वही किशन कुमार, जो मैच फिक्सिंग के मामले में गिरफ़्तार हुआ था
और जेल में बीमार पड़ा था
फिर जमानत पर छूट गया था, जैसे सभी इज़्ज़तदार और
सम्मानित लोग छूट जाया करते हैं इस देश में
यह वही मैच फिक्सिंग कांड था, जिसमें अज़हरुद्दीन का
क्रिकेट करियर बरबाद हुआ था
जिसमें दक्षिण अफ्रीका की क्रिकेट टीम का कप्तान
हैंसी क्रोनिए भी फँस गया था
और विमान-दुर्घटना में मरने के पहले तक नहीं हो सका था
अपने देश की टीम में बहाल
हालाँकि भारतीय अदालत ने अजय जडेजा को बेदाग़ बरी
कर दिया था और
वह बल्ला लेकर फिर पहुँच गया था राष्ट्रीय टीम में खेलने
अजय जडेजा की शादी हुई थी जया जेटली की बेटी के साथ
जया जेटली के पति ने बढ़ी उमर में तलाक देकर

दूसरी औरत के साथ घर बसा लिया था
आश्चर्य था कि दिल्ली के महिला संगठनों ने इस पर चुप्पी साधे रखी थी
क्योंकि जया जेटली उसके पहले तहलका कांड में मशहूर हुई थीं,
जिसके कारण रक्षामंत्री को
इस्तीफ़ा देना पड़ा था
और बहुत प्रयत्नों के बावजूद मुश्किल था
एक उत्पीड़ित भारतीय पत्नी का मेकअप कर पाना

रही बात तहलका डॉट कॉम के तरुण तेजपाल और उनके साथियों की तो
वे पोटा से बचते-छिपते इस लोकतंत्र के बनैले यथार्थ में
हमारी तरह ही कहीं घायल पड़े होंगे

अब क्या कहा क्या लिखा जाए हर किसी की स्मृति में ये सारी बातें हैं
हालाँकि विस्मृति के जो नये उपकरण खोजे गए हैं उनमें बहुत ताक़त है
और जो शुद्ध साहित्य है वह विस्मरण का ही एक शातिर औजार है

लेकिन जो विचारधाराओं वाला साहित्य है वह भी सरकारी फंडखोरी और
संस्थाओं में सेंधमारी की ही एक बीसवीं सदी वाली
इंडो-रूसी तकनीक है

न किसी पत्रिका न किसी अख़बार में इतनी नैतिकता है
न साहस कि वे किसी एक घटना का
पिछले पाँच साल का ही ब्योरा ज्यों का त्यों छाप दें

पचास-पचपन साल की तो छोड़िए
किसी तथाकथित कहानीकार को भी क्या पड़ी है कि वह
यथार्थवाद के नाम से प्रचलित कथा में
ऐसा यथार्थ लिखे कि पुरस्कार आदि तो दूर
हिन्दी समाज में जीना ही मुहाल हो

तो बात आगे बढ़ाएँ
एक ऐसी वीडियो रिकॉर्डिंग थी दुबई की
जिसमें अबू सलेम की पार्टी में शामिल थे
बड़े-बड़े आला कलाकार और साख-रसूख वाली हस्तियाँ
इसी टेप से सुराग मिलता था गुलशन कुमार की हत्या का लेकिन
अदालत में चंकी पांडे ने कहा कि वह तो अबू सलेम को
पहचानता ही नहीं
और टेप में तो वह यों ही उसके गले से लिपटा हुआ
दिखायी देता है
ऐसा ही बाक़ी हस्तियों ने कहा
हिन्दुस्तान की अदालत ने भी माना कि दरअसल उस टेप
में दिख रहा
कोई भी आला हाकिम-हुक्काम, अभिनेत्रियाँ या अभिनेता
अबू सलेम को नहीं पहचानता
और जो वह एक्ट्रेस उसकी गोद में बैठी चूमाचाटी कर रही थी
उसका बयान भी अदालत ने माना कि कोई ज़रूरी नहीं
कि कोई औरत अगर
किसी को चूमे
तो वह उसे पहचानती भी हो

तो लुब्बे-लुआब यह कि अबू सलेम को पहचानने के मामले में
सारे गवाह मुकर गए
उसी तरह जैसे बी.एम.डब्ल्यू. कांड में कार से कुचले गए

पाँच लोगों के चश्मदीद गवाह
संजीव नन्दा और उसकी हत्यारी कार को पहचानने से मुकर गए
जैसे जेसिका लाल हत्याकांड के सारे प्रत्यक्षदर्शी
मनु शर्मा को पहचानने से मुकर गए

हर कोई मुकर रहा है इस मुल्क में किसी भी सुनवाई,
गवाही या निर्णय के वक़्त कोई नहीं कहता कि वह समाज
या संस्कृति के किसी भी भूगोल के किसी भी हत्यारे को
पहचानता है
साथियो, यह एक लुटेरा समय है
नई अर्थव्यवस्था की यह नई सामाजिक संरचना है
आवारा हिंसक पूँजी की यह एक बिलकुल नई ताक़त है
और इसमें जो कुछ भी
कहीं लोकप्रिय है
वह कोई न कोई अमरीकी ब्रांड है
गुलाम होने और गुलाम बनाने के सारे खेलों में
अब बहुत बड़ा पूँजी निवेश है

और जो आजकल का साहित्य है, जिसमें लोलुप बूढ़ों और
उनके वफ़ादार
चेलों-चपाटियों की सांस्थानिक चहल-पहल है
वह भी अन्यायी सत्ता और अनैतिक पूँजी का देशी भाषा में
किया गया एक महाउबाऊ करतब है
यह भ्रष्ट राजनीति का ही परम भ्रष्ट सांस्कृतिक विस्तार है
एक उत्सव, एक समारोह
एक राजनेता और आलोचक, कवि और दलाल,
संगठन और गिरोह में फ़र्क़ बहुत मुश्किल है
अनेकों हैं बुश
अनेकों हैं ब्लेयर

साथियो, यह एक लुटेरा अपराधी समय है
जो जितना लुटेरा है, वह उतना ही चमक रहा है और
गूँज रहा है
हमारे पास सिर्फ़ अपनी आत्मा की आँच है और थोड़ा-सा
नागरिक अन्धकार
कुछ शब्द हैं जो अभी तक जीवन का विश्वास दिलाते हैं...

हम इन्हीं शब्दों से फिर शुरू करेंगे अपनी नई यात्रा...

एक डरे हुए रिएक्शनरी कवि की कविता

(कात्यायनी के लिए)

लगता है ये मेरे ही अतीत के शब्द हैं
उतने ही ताज़ा, साफ़, बच्चों के किसी पवित्र खेल में शामिल
किसी आदत या उम्मीद में उन्हीं स्वप्नों को बार-बार रचते हुए
जिनकी स्मृति से ही अब भर जाता है भीतर पिछली कई
रातों का अँधेरा

सबसे सरल रंग सबसे स्पष्ट होते हैं
सबसे सरल और पवित्र विचार सबसे स्पष्ट शब्दों में प्रकट होते हैं
जैसे सबसे स्पष्ट लाल रंग सबसे साधारण रक्त में व्यक्त होता है

यह कविता जिसकी किसी सरल उत्ताल लहर पर
एक बार फिर भरोसा करते हुए किसी मोहाविष्ट नाव की
तरह मुझे

डूब जाना चाहिए अतल तक
पूरी निडरता के साथ मैं कहना चाहता हूँ कि
मुझे डर लगता है

क्योंकि जो डुबोते हैं जार का जहाज़ किसी समुद्र में
वही छीनकर ले जाते हैं सूफ़ियों से लंगर की कड़ाही,
ग़रीबों से उनका ईश्वर, खेतिहरों से उनके खेत
और कवियों से उनकी क़मीज़, क़लम, आँखें और शब्द
कवि, सूफ़ी, नौकरों और ग़रीबों के ही कंकाल मिला करते हैं
किसी कंपूचिया या किसी साइबेरिया की धरती के गर्भ में

इतिहास में ऐसा क्यों होता है बार-बार
कि अख्मातोवा देखते-देखते बन जाती है लेडी मारकोस
हम समझते हैं अपने समय का जिसे स्पार्टाकस
इतिहास की एक अत्यन्त सरल प्रक्रिया में वह
बन जाता है पोलपोट या चाउशेस्क्यू

वे कौन लोग हैं कात्यायनी
जो अन्यायियों और भ्रष्टों के जूतों में उड़ेलकर ह्विस्की
गा रहे हैं पूँजी की सत्ताओं के हर मंच पर बार-बार
सर्वहारा क्रान्ति के पक्ष में कितने स्पष्ट हैं उनके विचार
कि गूँज रहा है सारा समकालीन साहित्य और हर अख़बार
उनके संरक्षण में हैं संस्कृति संस्थाएँ और प्रतिबद्ध है सरकार

देखो कितनी बार
कितने प्रकार से ले रहे हैं वे पुरस्कार

कात्यायनी,
विडम्बना ही है कि इस पल

प्रतिक्रान्तिकारी कवि के ही चारों ओर है
भूख, भय, लांछना, दंड और निर्वासन का दुर्निवार अन्धकार।

रेख़्ते में कविता

जैसे कोई हुनरमन्द आज भी
घोड़े की नाल बनाता दिख जाता है
ऊँट की खाल की मशक में जैसे कोई भिश्ती
आज भी पिलाता है जामा मस्जिद और चाँदनी चौक में
प्यासों को ठंडा पानी

जैसे अमरकंटक में अब भी बेचता है कोई साधू
मोतियाबिन्द के लिए गुलबकावली का अर्क

शर्तिया मर्दानगी बेचता है
हिन्दी अख़बारों और सस्ती पत्रिकाओं में अपनी मूँछ और
पग्गड़ के
फ़ोटो वाले विज्ञापन में हक़ीम बीरूमल आर्यप्रेमी

जैसे पहाड़गंज रेलवे स्टेशन के सामने सड़क की पटरी पर
तोते की चोंच में फँसाकर बाँचता है ज्योतिषी
किसी बदहवास राहगीर का भविष्य
और तुर्कमान गेट के पास गौतम बुद्ध मार्ग पर
ढाका या नेपाल के किसी गाँव की लड़की

करती है मोल-भाव रोगों, गर्द, नींद और भूख से भरी
अपनी देह का

जैसे कोई गड़रिया रेल की पटरियों पर बैठा
ठीक गोधूलि के समय
भेड़ों को उनके हाल पर छोड़ता हुआ
आज भी बजाता है डूबते सूरज की पृष्ठभूमि में
धरती का अन्तिम अलगोझा

इत्तेला है मीर इस ज़माने में
लिक्खे जाता है मेरे जैसा अब भी कोई-कोई
उसी रेख़्ते में कविता।

पर्यावरण

इस पर्यावरण में मेरी साँसों का विकल्प नहीं
यातनाएँ उनका गला बार-बार अपनी मुट्ठी में कसती हैं
फेफड़ों में जितना ईश्वर है अभागा
देता है वह फिर से यही असहनीय जीवन कुछ और

अफ़वाहें हैं ताक़त और वैभव के अनगिनती माध्यमों की
उत्सव हैं हत्याओं और पापों को छिपाने के निमित्त

अपराधी है जो
वह हँसता है लगातार

हमारे समय का वही दिखता है योद्धा और वक्ता और विजेता

जो निर्दोष है वह डरा हुआ है
फटी मृत आँखों से देखता हुआ अन्याय डरते हुए
घावों-सा छूता अपनी उँगलियों से

गड्ढे से उसे निकालकर उसके दाँत गिने जा सकते हैं
कभी भी टॉर्च जलाकर
बैल की तरह खोलकर उसका मुँह।

एक अलग-सा मंगलवार

वह एक कोई भी दोपहर हो सकती थी
कोई-सा भी एक मंगलवार
जिसमें कोई-सा भी तीन बज सकता था

एक कोई-सा ऐसा कुछ
जिसमें यह जीवन यों ही-सा कुछ होता

पर ऐसा होना नहीं था

एक छाँह जैसी कुछ, जो मेज के ऊपर काँप रही थी
थोड़ी-सी कटी-फटी धूप, जो चेहरे पर गिरती थी
पसीने की कुछ बूँदें, जो ओस बनती जाती थीं
वह एक नन्ही-सी लड़की

आकाश से गिरती एक पत्ती से छू जाने से ख़ुद को बार-बार
किसी क़दर बचा रही थी

एक हथेली थी, जिसने गिलास मेज पर रख दिया था
और किसी दूसरी हथेली की गोद में बैठने की ज़िद में थी

चेहरा वह नन्हा-सा काँच का पारदर्शी
ओस में भीगा
जिसके पार एक हँसी जल जैसी
बेहद आकांक्षाओं में लिपटी

वह चेहरा तुम्हारा था

एक आँख थी वही
उस नन्हे-से चेहरे में
मेज की दूसरी तरफ़ या मेरी आत्मा के अतल में
किसी नक्षत्र की टकटकी हो जिस तरह
उस मंगलवार में, जिसमें बहुत मुश्किल से थोड़ी-सी छाँह थी

उस दिन कुछ अलग तरह से तीन बजा इस शताब्दी में
जिसमें यह जीवन मेरा था, जो पहले कभी जिया नहीं गया
था इस तरह
जिसमें होंठ थे हमारे, जिन्हें कुछ कहने में सब कुछ छुपाना था

वह एक बिलकुल अलग-सी दोपहर
जिसमें अब तक के जाने गए रंगों से अलग रंग की कोई
धूप थी
एक कोई बिलकुल दूसरा-सा मंगलवार

जिसमें कभी नहीं पहले जैसा
पहला तीन बजा था

और फिर एक-आध मिनट और कुछ सेकेंड के बीतने के बाद
अगस्त की उमस में माथे पर बनती ओस की बूँदों को
मुट्ठियों में भिंचे एक सफ़ेद बादल के छोटे-से टुकड़े से
पोंछते हुए
तुमने कहा था

तिनका हो जा।
तिनका हुआ।
पानी हो जा।
पानी हुआ।

घास हो जा।
घास हुई।

तुम हो जाओ।
मैं हुआ।

अगस्त हो जा।
मंगलवार हो जा।
दोपहर हो जा।

तीन बज।

इस तरह अगस्त के उस मंगलवार को तीन बजकर एकाध
मिनट

और कुछ सेकेंड पर
हमने सृष्टि की रचना की

ईश्वर, क्या तुम भी डरे थे इस तरह उस दिन
जिस तरह हम किन्हीं परिन्दों-से?

न बरहमनी, न कैथी, यिद्दिश में था जीवन

(अपनी पचासवीं वर्षगाँठ पर)

इतने वर्ष जिये चले जाने के बाद
लगा कि मूलतः जीवन का विन्यास ही ग़लत था
अधिकाश स्थलों पर हिज्जे की अक्षम्य अशुद्धियाँ थीं
और शायद ही कोई वाक्य कहीं व्याकरणसम्मत रहा हो

सम्भवतः इसी कारण जो कहा उसका सदा अनर्थ हुआ
एक समूचा का समूचा जीवन ही इस भाँति व्यर्थ हुआ

प्यार आया तो क़ैफ़ या फ़रहाद की तरह
किसी के साथ जुड़ा तो जैसे वृक्षों में छाल जुड़ती है,
तने के साथ गुत्थमगुत्थ,
हर ऋतु हर साल आयु का एक नया वलय
एक नया वृत्त बनाती हुई कभी गोचर
कभी अगोचर

बोलना चाहा तो धरती की भाषा में जैसा गद्य होता है

मिट्टी और धूल का
गद्य जैसे हवा का

प्रार्थना की तो जैसे पानी की बोली में होती है विनम्र-सी
नगण्यता
या नींद की उनींदी वाक्य-संरचनाओं में माँ जिस तरह
बचपन में गाती थी लोरी

रोया तो जैसे आधी रात आकाश में अकेला नक्षत्र अपने ही
उजाले में डबडबाया
चुप हुआ तो मौन एक तप था, ताप में ताये
या तम के तालाब में डूबे किसी पर्वत का
गृहस्थी थी काठ की गाड़ी, जिसके पहिये
बार-बार धँस जाते थे हर डगर पर

भाषा थी, जिसके शब्दों को किसी ताँतिए या धुनिए की तरह
धुनकता रहता था रात-दिन...दिन-रात
बिना जागे, बिना सोये
बिना जिये, बिना मरे
रुई फिर भी पूरी खिल नहीं पाती थी,
जुट नहीं पाती थी देह ढँके भर को
चादर

समाज था, जिस पर प्रजा का वश नहीं था कोई
दिशाएँ थीं, जिन्होंने सदा छलने का काम किया

असंख्य मद्यप थे, रसिक और हाकिम
भाषा की गलियों और मोहल्लों में जिनका राज था

अलंकार थे गण्यमान्यों और गणिकाओं के ही निमित्त
संस्थान थे, साधन थे, सम्मान थे उन्हीं के हेतु

बिरथा और अकारथ अर्द्धशती पर अपने ही जाना
कि जीवन की लिपि ही जनम से बिगाड़ दी सतगुरु ने
यदि था यह जीवन कलापूर्ण

तो इसकी लिपि होनी थी बरहमनी
या यदि यह प्रगतिकामी तो लिखा होता
करतार ने कृपापूर्वक इसे कैथी में
नागरी भी होती तो कहलाता आधुनिक
मोल इसका भी लगता इस बाज़ार के भूमंडल में

यह जीवन तो लिख दिया गया था
अ-नाथों के गुह्य आखर में
मृतक ही इसे बाँचते थे, मृतक ही इसे बूझते थे,
मृतक ही मगन हो नाचते थे
वर्तमान में कहीं नहीं थी उनकी उपस्थिति
जैसे आइजक बशाविस सिंगर ने अपनी कथा लिख दी
यिद्दिश में
जिसकी लिपियाँ बाँचते हैं सिर्फ़ प्रेत

बख़्श दें किसी तरह जीवित लोग मेरा यह जीवन

धुनकने दें पचास बरस से इकट्ठा रुई की गठान
तो शायद माटी की बानी में कभी कुछ खिले
किसी दिन किसी जीवित को भी कभी कुछ शायद दिखे

सुनियो घोष बड़ो ब्यौपारी

जब कभी खिलेगा तभी तो आपको कुछ दिखेगा।

पंटून पुल

वह देह हमारी ही थी
इतिहास में जिसे नाव बनाकर पार किया गया था समुद्र

पुल बनाने की तकनीक तब तक नहीं थी
लेकिन हमारा शरीर इतिहास में हासिल था
जिसकी उपयोगिता इस मायने में तकनीकी थी
कि थोड़ी युक्ति के साथ यह नदियों में उतर सकती थी
और रस्सी से अगर इसे दोनों ओर तानकर बाँध दो पहाड़ों
के आरपार
हवा में तो यह झूलती हुई बीचोबीच अधर में टँगी रह
सकती थी

तो इसी तरह बनते थे इतिहास में पंटून पुल और झूला पुल
हाकिमों और तिजारतियों ने हमारी ही देह से पार किए थे
दर्रे, पहाड़ और दरिया
हमारी रीढ़ पर से होकर गुज़री थीं सेनाएँ और ऊँटों-खच्चरों
के व्यापारी काफ़िले
बाक़ी सूफ़ी, राह भूले दरवेश, थके मुसाफ़िर, फ़कीर, रियाया
और

जानवर तो आज की ही तरह
पैदल या तैरकर या किसी सूखे पेड़ के तने पर सवार या
किसी मटके से लिपटकर
अपने नमक को भीगने और ख़ुद को डूबने से बचाते हुए
किसी तिनके की उम्मीद के सहारे पार उतरते थे

वह आग हमारी ही थी और हमारा ही था मानव-सभ्यता के
अन्धकार में वह धुँधला-सा आलोक
हमें ही देर तक भूना गया था
आखेटकों के हर कौर में हमारे कई मानवीय अंग-प्रत्यंग थे
हमें अपनी घूँट की तरह पीते हुए उसके नशे
और स्वाद के आह्लाद में डूबे शिकारियों
और लुटेरों ने कहा था—'आह! अ-मृत'
क्योंकि आज की ही तरह तब भी हम मृत नहीं थे
जीवित थे तमाम अटकलों के बावजूद

हम अब भी जीवित हैं
अभी तक
किसी आश्चर्य की तरह
जैसे भयावह संहारों और प्रलय के बाद भी हमेशा बची रह
जाती हैं चींटियाँ

ये जो शब्द हैं, और लिपियाँ
ये भी हमारे हैं
अपनी मृत्यु के भय या जीवित रह पाने के आश्चर्य
और उल्लास में
हमने ही इन्हें रचा है
इनसे ऐसा काम मत लो ताक़तवरों

हमसे हमारी ही भाषा छीनने के लिए मत दौड़ाओ अपने
कुत्ते हमारी ओर

चाहें तो बदले में हम अपने गुर्दे या अपनी आँखें आपको
दे सकते हैं
इतना संयम और इतनी मर्यादा तो हर सभ्यता में होनी
ही चाहिए है
है कि नहीं?

समाज के बारे में एक व्यक्तिवादी कविता

कुछ और हैं ठोकरें बाक़ी अभी
इन्तज़ार में हूँ कि हो लें वे भी
तो साँस लूँ और उठाऊँ कौर
फिर जाऊँ किसी और ठौर

होते हैं कवि और कथाकार और आलोचक
जिनके शब्द और वाक्य नहीं
समाज का व्याकरण बनाता है जिन्हें
वे उदाहरण भी कम नहीं
समाज अपनी रबर से मिटाता रहता है जिन्हें निरन्तर
जैसे पेंसिल की कोई लकीर ज्यामिति से बाहर को जाती हुई
या स्लेट पर जैसे कोई मुक़र्रर हर्फ़

महान् है समाज, जैसे सब कहते हैं, तो मैं भी कहता हूँ
इसी समाज ने बनाया था गाँधी को, लेनिन को, बुद्ध,

पिकासो और ग़ालिब इत्यादि को
हालाँकि प्रतिवाद में धीरे-से यह भी कहता हूँ
प्रयत्न करता हुआ कि कोई और न सुन ले
कि इसका उलटा ज़रा ज़्यादा सच है
कि दरअसल ग़ालिब और गाँधी ने ही बनाया था अपने
समय का समाज
भले ही वह कुछ ही दिन चला

वह समाज ही तो था जिसने बनाया था हिटलर को
अपने सारे वैभव, तकनीक, प्रतिभा और प्रतिहिंसा के साथ
और फिर उसने भी बनाया एक ऐसा समाज जिसमें ईश्वर
को मरा हुआ
सबसे पहले घोषित किया गया
वह भी कोई समाज ही था जिसमें समूची करुणा को अपनी
देह में भरे
अपनी यंत्रणा में ऐंठते एक मनुष्य को कील ठोंककर टाँग दिया
गया था
लकड़ी के फट्टों पर
और गिद्धों और कीड़ों से बचाने उसे कोई नहीं आया था
उसका शव तक स्वीकारने से मुकर गया था समाज

आज के अपने समय में वे चेहरे हम देखते हैं हर रोज़
हमारा समाज अपने तमाम उपक्रमों, पूँजी, ताक़त,
और तकनीक के साथ जिन्हें बना रहा है
और उस समाज को भी तो देखते ही हैं जो
तत्परता के साथ वे चेहरे बनाते जा रहे हैं हमारे चारों
तरफ़ हर रोज़

वह एक कम्युनिस्ट समाज ही था जिसने लेनिन या गोर्की
को बनाया था

लेकिन वह भी तो एक कम्युनिस्ट समाज ही था
जिसने बनाया चाउशेस्क्यु और पोलपोट को
निस्सन्देह वह एक लोकतांत्रिक समाज ही था जिसमें
एक बढ़ई का लड़का बन गया था प्रेसिडेंट
और एक नीग्रो एक दिन निर्भय भविष्य का स्वप्न देखने लगा था

और यह भी तो वही समाज है जिसने रचा है सभ्यता के
इतिहास के
सबसे हिंस्त्र और बर्बर मसख़रे को

वह हिन्दवी समाज था सुन लें
जिसमें था कोई खुसरो, कोई कबीर, कोई मीर तकी मीर
कोई कबीर, कोई प्रेमचन्द
और यह भी वही समाज है जिसने बनाया है, ख़ैर छोड़िए
रोटी और रोज़ी नहीं, प्राण को भी बाधा है

डरा हुआ खड़ा हूँ मैं ईश्वर के सामने करबद्ध प्रार्थना
में भयभीत
जानता हुआ कि वह भी तो किसी समाज और इतिहास
की ही रचना है
लज्जित होता हुआ कि मिटने में वह क्यों इतना समय
ले रहा है
और इधर मैं अपनी पीड़ा में काँपता कि कैसे हो इस असह्य
जीवन का अन्त

पचास बरस से
अपनी ही देह में
फाँस-सा गड़ा हुआ।

एक भाषा हुआ करती है

(भाषा-शृंखला की पहली कविता)

एक भाषा हुआ करती है
जिसमें जितनी बार मैं लिखना चाहता हूँ 'आँसू' से
मिलता-जुलता कोई शब्द
हर बार बहने लगती है रक्त की धार

एक भाषा है जिसे बोलते वैज्ञानिक और समाजविद् और
तीसरे दर्जे के जोकर
और हमारे समय की सम्मानित वेश्याएँ और क्रान्तिकारी
सब शरमाते हैं
जिसके व्याकरण और हिज्जों की भयावह भूलें ही
कुलशील वर्ग और नस्ल की श्रेष्ठता प्रमाणित करती हैं

बहुत अधिक बोली-लिखी, सुनी-पढ़ी जाती,
गाती-बजाती एक बहुत कमाऊ और बिकाऊ बड़ी भाषा
दुनिया के सबसे बदहाल और सबसे असाक्षर, सबसे ग़रीब
और सबसे ख़ूँख़्वार,
सबसे काहिल और सबसे थके-लुटे लोगों की भाषा,
अस्सी करोड़ या नब्बे करोड़ या एक अरब भुक्खड़ों, नंगों
और ग़रीब
लफंगों की जनसंख्या की भाषा,
वह भाषा जिसे वक़्त ज़रूरत तस्कर, हत्यारे, नेता, दलाल,

अफ़सर, भड़ुए,
रंडियाँ और कुछ जुनूनी नौजवान भी बोला करते हैं

वह भाषा जिसमें लिखता हुआ हर ईमानदार कवि पागल
हो जाता है
आत्मघात करती हैं प्रतिभाएँ
'ईश्वर' कहते ही आने लगती है अक्सर बारूद की गन्ध

जिसमें पान की पीक है, बीड़ी का धुआँ, तम्बाकू का झार,
जिसमें सबसे ज़्यादा छपते हैं दो कौड़ी के महँगे
लेकिन सबसे ज़्यादा लोकप्रिय अख़बार
सिफ़त मगर यह कि इसी में चलता है
कैडबरीज़, सांडे का तेल, सुजूकी, पिज्ज़ा, आटा-दाल और
स्वामी जी और हाई साहित्य और सिनेमा और राजनीति
का सारा बाज़ार

एक हौलनाक विभाजक रेखा के नीचे जीने वाले
सत्तर करोड़ से ज़्यादा लोगों के
आँसू और पसीने और ख़ून में लिथड़ी एक भाषा
पिछली सदी का चिथड़ा हो चुका डाकिया अभी भी जिसमें
बाँटता है
सभ्यता के इतिहास की सबसे असभ्य और सबसे दर्दनाक
चिट्ठियाँ

वह भाषा जिसमें नौकरी की तलाश में भटकते हैं भूखे दरवेश
और एक किसी दिन चोरी या दंगे के जुर्म में गिरफ़्तार
कर लिये जाते हैं
जिसकी लिपियाँ स्वीकार करने से इनकार करता है
इस दुनिया का समूचा सूचना-संजाल

आत्मा के सबसे उत्पीड़ित और विकल हिस्से में जहाँ जन्म लेते हैं शब्द
और किसी मलिन बस्ती के अथाह गूँगे कुएँ में डूब जाते हैं चुपचाप
अतीत की किसी कन्दरा से एक अज्ञात सूक्ति को अपनी व्याकुल
थरथराहट में थामे लौटता है कोई जीनियस
और घोषित हो जाता है सार्वजनिक तौर पर पागल
नष्ट हो जाती है किसी विलक्षण गणितज्ञ की स्मृति
नक्षत्रों को शताब्दियों से निहारता कोई महान् खगोलविद्
भविष्य-भर के लिए अन्धा हो जाता है
सिर्फ़ हमारी नींद में सुनाई देती रहती है उसकी अनन्त बड़बड़ाहट...
मंगल...शुक्र...बृहस्पति
सप्तर्षि...अरुन्धति...ध्रुव
हम स्वप्न में डरे हुए देखते हैं टूटते उल्का पिंडों की तरह
उस भाषा के अन्तरिक्ष से
लुप्त होते चले जाते हैं एक-एक कर सारे नक्षत्र

भाषा जिसमें सिर्फ़ कूल्हे मटकाने और स्त्रियों को
अपनी छाती हिलाने की छूट है
जिसमें दंडनीय है विज्ञान और अर्थशास्त्र और शासन से सम्बन्धित विमर्श
प्रतिबन्धित हैं जिसमें ज्ञान और सूचना की प्रणालियाँ
वर्जित हैं विचार

वह भाषा जिसमें की गई प्रार्थना तक
घोषित कर दी जाती है साम्प्रदायिक
वही भाषा जिसमें किसी जिद में अब भी करता है

तप कभी-कभी कोई शम्बूक
और उसे निशाने की जद में ले आती है हर तरह की सत्ता
की ब्राह्मण बन्दूक़

भाषा जिसमें उड़ते हैं वायुयानों में चापलूस
शॉल ओढ़ते हैं मसख़रे, चाकर टाँगते हैं तमग़े
जिस भाषा के अन्धकार में चमकते हैं
किसी अफ़सर या हुक्काम या किसी पंडे के सफ़ेद दाँत और
तमाम मठों पर नियुक्त होते जाते हैं बर्बर बुलडॉग

अपनी देह और आत्मा के घावों को और तो और
अपने बच्चों और पत्नी तक से छुपाता
राजधानी में कोई कवि जिस भाषा के अन्धकार में
दिन-भर के अपमान और थोड़े से अचार के साथ
खाता है पिछले रोज़ की बची हुई रोटियाँ
और मृत्यु के बाद पारिश्रमिक भेजने वाले किसी राष्ट्रीय
अख़बार या
मुनाफ़ाखोर प्रकाशक के लिए
तैयार करता है एक और नई पांडुलिपि

यह वही भाषा है जिसको इस मुल्क में हर बार कोई शरणार्थी,
कोई तिजारती, कोई फिरंग
अटपटे लहजे में बोलता और जिसके व्याकरण को रौंदता
तालियों की गड़गड़ाहट के साथ दाख़िल होता है इतिहास में
और बाहर सुनाई देता रहता है वर्षों तक आर्तनाद

सुनो दायोनीसियस, कान खोलकर सुनो
यह सच है कि तुम विजेता हो फ़िलहाल, एक अपराजेय
हत्यारे

हर छठे मिनट पर तुम काट देते हो इस भाषा को बोलने वाली एक और जीभ
तुम फ़िलहाल मालिक हो कटी हुई जीभों, गूँगे गुलामों और दोगले एजेंटों के विराट् संग्रहालय के
तुम स्वामी हो अन्तरिक्ष में तैरते कृत्रिम उपग्रहों, ध्वनि तरंगों
संस्कृतियों और सूचनाओं
हथियारों और सरकारों के
यह सच है

लेकिन देखो,
हर पाँचवें सेकेंड पर इसी पृथ्वी पर जन्म लेता है एक और बच्चा
और इसी भाषा में भरता है किलकारी

और
कहता है 'माँ'!

एक अकेले का गाना

धन्य प्रिया तुम जागीं
ना जानो दुख-भरी रैन में कब तेरी अँखियाँ लागीं।

जीवन नदिया, बैरी केवट, पार न कोई अपना
घाट पराया, देस बिराना, हाट-बाट सब सपना।

क्या मन की, क्या तन की, किहनी अपनी अँसुअन पागी॥ धन्य प्रिया...

दाना-पानी, ठौर-ठिकाना, कहाँ बसेरा अपना
निस दिन चलना, पल-पल जलना, नींद भई इक छलना।
पाखी रूँख न पाएँ, अँखियाँ बरस-बरस की जागीं॥ धन्य प्रिया...

प्रेम न साँचा, शपथ न साँचा, साँच न संग हमारा
एक साँस का जीवन सारा, बिरथा का चौबारा।
जीवन के इस पल फिर तुम क्यों जनम-जनम की लागीं॥ धन्य प्रिया...

धन्य प्रिया तुम जागीं
ना जाने दुख-भरी रैन में कब तेरी अँखियाँ लागीं।

इस शहर में एक किसी रोज़ कोई जब विदा हुआ था

कन्धा अपनी अविस्मरणीय गोलाइयों के साथ घूमते हुए मैंने देखा
फिर उसकी पीठ देखी
ओस और पसीने की चमक और उनके हलके उजाले के साथ
दूर जाती हुई

उसका जाना उन दिनों में था
जब इन्हीं किन्हीं दिनों में

शहर में धूप नहीं कोहरा आकाश से लगातार गिरता रहता था
और धुन्ध आँखों की पुतलियों को बा़र-बार ढाँक लेती थी

मेरा देखना कोहरे से ढँके उस रोज़ के शहर में
धुन्ध और शायद पानी की एक परत में से
अपनी आँखों के पार उसका जाना देखना था

मैंने उसे पुकारा
कोहरे धुन्ध ठंड और पानी की परत
कोई चाहे तो कह ले जिसे आँसू।

जो आत्मा के एक द्रव में बदल जाने की हारी हुई लाचार तरलता है
इन सब से होकर गुज़रती हुई अपनी आवाज़ पर विश्वास के सहारे
उसका लौटना देखने की अपनी अन्तिम इच्छा की वह अन्तिम पुकार

पर इस बार उसका लौटना उसकी परछाई का लौटना था
कोहरे धुन्ध पानी की परत में से होते हुए मेरी आँखों की ओर,
मेरी देह और आत्मा की ओर लौटना

उधर वह धीरे-धीरे ढलान में उतरती जा रही थी
कन्धों की गोलाइयों और हलके उजाले से झिलमिलाती अपनी
पीठ के साथ
मैंने उसको उसके हर एक क़दम पर अदृश्य होते जाते देखा

जो कुछ अदृश्य हो जाता है उसका विस्मरण असम्भव है
स्मृतियाँ अदृश्य हो चुके को हासिल करने की मार्मिक चेष्टाएँ हैं

जो अब अदृश्य है उसे पाने की बेचैनियाँ कभी भी अचानक फाँस
की तरह साँसों में चुभती हैं

मैं अदृश्य हो चुके की परछाई के साथ कोहरे से ढँके
उस शहर में रहता हूँ
जहाँ हर चेहरा धुन्ध में काले या सलेटी संगमरमर जैसा
दिखता है जिससे
कोई परछाई छूटकर बाहर गिरती है

अक्सर अपनी आँखें छुपाकर बाहर की ओर मुझे देखते हुए
आपने मुझे ज़रूर देखा होगा

यहाँ हृदय किसी द्रव की तरलता में डूबता-उबरता जीवन-भर
अपनी आँखों और जीवन से हारता रहता है।

सत्ता

जो करेगा लगातार अपराध का विरोध
अपराधी सिद्ध कर दिया जाएगा

जो सोना चाहेगा वर्षों के बाद सिर्फ़ एक बार थककर
उसे जगाए रखा जाएगा भविष्य-भर

जो अपने रोग के लिए खोजने निकलेगा दवाई की दुकान
उसे लगा दी जाएगी किसी और रोग की सूई

जो चाहेगा हँसना बहुत सारे दुखों के बीच
उसके जीवन में भर दिये जाएँगे आँसू और आह

जो माँगेगा दुआ
दिया जाएगा उसे शाप
सबसे मीठे शब्दों को मिलेंगी
सबसे असभ्य गालियाँ

जो करना चाहेगा प्यार
दी जाएँगी उसे नींद की गोलियाँ

जो बोलेगा सच
अफ़वाहों से घेर दिया जाएगा उसे

जो होगा सबसे कमज़ोर और वध्य
उसे बना दिया जाएगा सन्दिग्ध और डरावना

जो चाहेगा स्वतंत्रता
दिया जाएगा उसे आजीवन कारावास!
एक दिन लगेगा हर किसी को
नहीं है कोई अपना, कहीं आसपास!!

मानसून में दिल्ली

कैसे हैं हमारी दिल्ली के टाउन-प्लानर
लुटियन से कुछ भी न सीखा
हड़प्पा की सिन्धु सभ्यता और हम्पी की तुंगभद्रा को भी भूल गए
बिल्डरों ने बनाईं सिर्फ़ इमारतें और ठेकेदारों ने
सड़कें, होटल, प्लाजा, फ़्लाईओवर, मेट्रो-शेट्रो, अटर-शटर

पानी की निकासी का ख़याल न आया
मृत्यु देवता यमराज की सगी बहन यमुना को भी भूल गए

हड़प्पा के, हम्पी या विजयनगरम के अलावा लुटियन के काल के
अभियन्ता और नगर-नियोजक
समझते थे अच्छी तरह कि क्या हुआ करता है—'ड्रेनेज सिस्टम'
कैसे बारिश के पानी से भरते हैं पोखर और तालाब
कैसे धरती की परतों के भीतर उठता जाता है जल-स्तर
कैसे डबडबा कर छलकते हैं कुएँ और बावड़ियाँ

धत्त, इस बार देश में कहीं सूखा कहीं बाढ़ है
धत्त, इस साल दिल्ली में दलदल है बहुत बड़ा

दलदल में पैदा होते हैं स्वाइन-फ़्लू डेंगू चिकनगुनिया,
मलेरिया के मच्छर, केंचुए, जोंक, पंडोड़
दलदल में बसती हैं मलिन असली दलित बस्तियाँ

सूअरों को दलदल पसन्द होता है
मराठी की एक बोली में फैंड्री कहते हैं सूअर को
और इसी नाम से बनाते हैं
नागराज मंजुले एक अविस्मरणीय फ़िल्म

इस साल दिल्ली में दलदल है भारी
फैली है महामारी
बुलाओ किसी हड़प्पा के अभियन्ता को
या फिर लुटियन की रूह को
दुबारा तंत्र-मंत्र से जगाओ

दलदल में ही पैदा होता है कमल
इस साल तमाम पोस्टरों, अख़बारों, दीवारों, झंडों, चैनलों पर
कमल ही कमल खिला है

अगर कमल हैं इतने तो भौतिकी के समानुपाती नियम के मुताबिक़
होगा कितना दलदल देश में
जहाँ नहीं होगा दलदल
वहाँ दलदल बनाए जाने की राष्ट्रीय विकास परियोजना चलेगी

अर्रे भई, पहले ड्रेनेज तो बना दो शौचालयों की विकास
परियोजना के साथ-साथ
मानसून के पानी की निकासी का कोई तो रास्ता होना चाहिए

अगर राजनीति में दलदल फैला हो इतना सारा
तो इस शब्द के व्युत्पत्ति-विज्ञान को दुबारा पढ़ना होगा

दलदल का क्या है रिश्ता
दिल्ली से

दलाल से, दल से, दल्ला से
दलाल स्ट्रीट से?

अपने समय और यथार्थ को समझने की कुंजी
इसी शब्द-व्युत्पत्ति के रहस्य को बूझने में है

कहाँ हो लाल बुझक्कड़?
आओ, इस मानसून में दिल्ली को दलदल से बचाओ!

जो हुआ करता था कभी एक जुमला
दिल्ली है दिल हिन्दुस्तान का
वो दिल अब इस दलदल में डूबा है
जफ़र दाग़ मीर-सा
अपना भी दिल इस दिल्ली से ऊबा है
ना-मालूम दिल्ली का
अब क्या मंसूबा है
दुनिया में दिल्ली
इक अजब-सा अजूबा है!

दुर्गा

एक सौ नब्बे किलो का असबाब सिर पर उठाए
प्लेटफ़ॉर्म पर चल रही है इक्कीस साल की साँवली दुर्गा

दुर्गा
क्या किसी भील या संथाल, कोल, बैगा या पनिका की बेटी है?
क्या उसके मोटे सुन्दर होठों, चपटी मासूम नाक
और समूची सभ्यता को सन्देह की नज़र से देखती भेदती आँखों
की मुक्ति के लिए ही
अफ्रीका में लड़े थे नेल्सन मंडेला और बैरिस्टर मोहनदास करमचन्द

क्या इसी दुर्गा के लिए गाया था जूनियर मार्टिन लूथर किंग ने
'हम होंगे कामयाब...होंगे कामयाब एक दिन...'

'वेंसेरेमास...वेंसेरेमास...' कहते हुए बोलीविया-कोलम्बिया के घने जंगलों में मारा गया था
चे गुवेरा...

कहाँ से आए होंगे दुर्गा के पितर और पूर्वज
छोटा नागपुर, झाबुआ, पलामू, उड़ीसा, आन्ध्र
या सोवेतो, जोहान्सबर्ग, उत्तर आस्ट्रेलिया के अछोर रेगिस्तान
या चौदह सौ बयानवे ईसवी सदी के पहले के अमेरिका
या फिर मुआन जोदारो, पेरू,
या कहीं से भी नहीं

या यहीं कहीं से
खूँटी या सरगुजा के उस किसी गाँव से जहाँ से उजाड़ दिया गया है
उसका छोटा-सा घास-पात, काठ-मिट्टी से बना घर

या फिर मेरे ही गाँव के आसपास खांडा, पोंडी, छिलपा, बिजौंडी, सोनटोला के उजाड़ दिये गए जंगलों से?

एक सौ नब्बे किलो का असबाब सिर पर उठाए
बैतूल के रेलवे प्लेटफ़ॉर्म पर चल रही है इक्कीस साल की साँवली दुर्गा...

'नज़र रखना इस पर, चम्पत न हो जाए कहीं लेकर मेरा करोड़ों का सारा माल ये चोट्टी...'
पीछे से चीख़ता है मोंटेक सिंह आलूवाला!...
कोयलावाला...!
मालामाल मालवाला..?!

दुनिया-भर के कारपोरेट के सामने टू जी, थ्री जी, फोर-फाइव जी,
सौ-हज़ार जी जी जीवाला आलूवाला!

दुर्गा के पीछे-पीछे चलता है
बाज जैसी आँख गड़ाए
एक हाथ में तुपक और दूसरे में गिट्टी-पत्थर और लाल मिरिच का
पाउडर रक्खे
पुलिस का कमांडो या सलवा जुडूम का फर्ज़ी एस.पी.
जिसे दिया जाएगा गणतंत्र दिवस पर दिल्ली के राजपथ पर
शौर्य-सम्मान,
बहादुरी का मेडल...!

बस आज से चार रोज़ बाद
हर गली, हर शहर, हर गाँव में लगी होंगी दुर्गा की मूर्तियाँ,
बज रहे होंगे घंटा-घड़ियाल, नाच रहे होंगे मदमत्त नौजवान
डीजे की ताल पर
'ऊह ला ला...ऊह ला ला...तू है मेरी फैंटेसी...!'
हर रिक्शा, हर मोटरकार के पिछवाड़े लिखा होगा
'जै माता दी...'

ठीक इन्हीं पलों में
हरियाणा के कैथल
या राजधानी के धौलाकुआँ या गुड़गाँव में
किसी बी एम डब्ल्यू, एस्कोडा या सफ़ारी की बन्द अन्धी काँच की
खिड़कियों के भीतर
चीख़ कर बेहोश हो चुकी होगी दुर्गा

फ़िलहाल एक सौ नब्बे किलो का असबाब सिर पर उठाए

प्लेटफ़ॉर्म पर चल रही है इक्कीस साल की साँवली दुर्गा...

और उसके पीछे चल रहा है
बाज जैसी आँख गड़ाए आलूवाला...!

(सन्दीप नाईक की फेसबुक पोस्ट 'दुर्गा', जो कुली है, बैतूल के रेलवे प्लेटफ़ॉर्म पर, का चित्र देखकर)

डर

कहाँ से आया 'वायरस'

'फियर वायरस'?

किसी सड़ाँध से भरे गन्दे-बजबजाते परनाले से?
नगरपालिका के कूड़ा-कचरा घर से?
कूलर, कुंड, कुएँ
बाँध-बावड़ी के ठहरे हुए बासी विषैले पानी में जन्मे
अजनबी किसी मच्छर के दंश से?
किसी दुश्मन देश के बायो-जेनेटिक लैब से?
गुरु-मंगल, चन्द्रमा, शनि-शुक्र जैसे किसी सुदूर पराए
ग्रह-नक्षत्र-उपत्यका से?

कोई उल्का या कोई उड़नतश्तरी किसी
असगुन वाली रात

फेंक गई इसे धरती पर?

कैसा डरावना है यह दौर
हर किसी के रोयें खड़े हो रहे हैं
शिराओं में दौड़ रही है झुरझुरी
हर किसी निहत्थी-निर्दोष नींद में
भर गए हैं डरावने दुःस्वप्न
दूसरे को देखते ही हर किसी की आँखों में है ख़ौफ़

कहाँ से आ गया यह बैक्टीरिया सर्वव्यापी?

मुस्कुराहटें धोखा, विनम्रता कपट, वायदे छल, फ़क़ीरी लुटेरों का
सम्मानित यूनिफ़ार्म
पुलिस डाकू, विद्वान चाटुकार, सन्त बलात्कारी, कवि जुगाड़ू,
एकता माफिया, नेता अपराधी, प्रतिभाएँ ठग, हुनरमन्द हैकर्स...

ऐसी महामारी इतिहास में शायद कभी देखी नहीं गई
प्लेग, हैजा-कालरा, चेचक, एड्स से भी प्राणभक्षी रोगाणु...
परमाणु उपकरणों से भी व्यापक बड़ा विध्वंसकारी

बूढ़ा बाप अपने बेटे से सुरक्षा के लिए
सरकार को भेजता है अर्ज़ी
औरत अपने पति के डर से भागकर
अजनबी किसी शहर में खोजती है अपना ठिकाना

फरहाद रोता है अपने घुटनों पर टिका हुआ
शीरीं के सामने खोलता अपना कलेजा—
मैंने अपनी हज़ारों हसरतों, करोड़ों ज़िन्दगियों के सारे ईमान से
भी ज़्यादा

टूटकर बिखरकर हर जनम मर-मरकर तुमसे किया है बेइन्तहा प्यार

हर आशिक़ नहीं हुआ करता मुज़रिम
हर ग़म और ग़ुस्से की जेब में नहीं होता तेज़ाब

शुक्र है कि जूलियट अपने काँपते होठों से
अब भी चूमती है रोमियो का माथा

महिवाल जब डूबता है
मिट्टी के कच्चे कपटी घड़े के साथ
बाढ़ में उमड़ती नदी के भँवरजाल में
घाट पर सिर पटकती आज भी रोती है सोहनी

प्यार अभी भी है
डर का एंटीडोट

दुआएँ आज भी करती हैं
दवा का काम।

मैं जीना चाहता हूँ

कविता में हारकर
विचारों में विजेता मैं नहीं होना चाहता

कविता में जीतकर
विचारों में हारना नहीं चाहता

जीवन से हारकर
मृत्यु के सामने नहीं करना चाहता
आत्मसमर्पण

मृत्यु से डरकर
जीवन की दासता
नहीं करनी मुझे

सिर्फ़ जीने के लिए
मृत्यु से हारूँगा नहीं

मुझे जीवन से प्यार है
मृत्यु से हार बिना

उनका उनके पास

पानी तो नदियों को लौटा ही देना चाहिए
और ठीक हिसाब लगाकर कुछ कुओं और तालाबों को भी

आख़िर में अगर फिर भी कुछ तलछट बचा रह जाए
तो हमारे गाँव के अन्धे राम ग़रीब नापित उम्र सत्तर साल आठ महीने
के लोटे में उसे डाल दिया जाए

उसका लोटा भरने की फ़ुरसत अब किसी को नहीं है गाँव में

बादल दे दिये जाने चाहिए आसमान को ज़रूरत-भर
इसमें कोई ख़ास मुश्किल नहीं होनी चाहिए
इस काम में अभी तक का कोई क़ानून आड़े नहीं आता
बस हममें जरा-सा संयम, कंजूसी और समझदारी की दरकार है

जिनके घर, इस बीच, जब से ये नया दौर आया है
छीन लिये गए हैं बैंकों, कम्पनियों और सरकारों द्वारा
जल्द से जल्द मानसून आने के पहले
उन्हें वापस कर दिये जाएँ तो बहुत अच्छा होगा
उनके बच्चे भीगेंगे नहीं उनकी रोटियाँ गीली नहीं होंगी

जंगल दे देने चाहिए जंगलियों और आदिवासियों को वापस
दुनिया-भर के पढ़े-लिखे शहरातुओं की भी अब यही राय ठहरी है
बाद में उसमें बन्दर, मोर, पेड़, चिड़िया, शेर, तितलियाँ वग़ैरह
अपने आप हो जाएँगे

वो कुदरत जो घास उगाती है वही सब कुछ बना डालती है एक दिन
मेरी छोटी समझ के अनुसार
कविता लौटा ही देनी चाहिए कवि को वापस चुपचाप
हालाँकि उसे खोजना होगा बहुत वह छुपा बैठा होगा कहीं
किसी दीवार के पीछे
डरा हुआ ज़माने से
इसमें कोई बड़ा जलसा करने की ज़रूरत नहीं है
अफ़सरों, हाकिमों, मुसाहिबों से कहना चाहिए
वे अपनी थैलियाँ समेटें, कार स्टार्ट करें और अपनी-अपनी ड्यूटी
पर वापस जाएँ

देश की क़ानून-व्यवस्था की हालत इन दिनों ठीक नहीं है
वैसे भी आज के अंगरेज़ी राज में हिन्दी को गुजरात या नन्दीग्राम
बना कर इतना ग़दर मचाने की कौन-सी सलाहियत

धर्म को तो वापस पाने के लिए
तमाम दुनिया-भर के ग़रीब बदहाल ईश्वर जाने कितने सालों से बैठे हैं
सीढ़ियों पर भिखमंगों की तरह उदास
उनके कटोरे में डाल दो उसे वापस
वे चले जाएँगे अपने-अपने परलोक में तुम्हें दुआएँ देते

खेत फ़ौरन दे देने चाहिए उन्हें जो हर रोज़ इन दिनों
फतिंगों की तरह जान दे रहे हैं नाहक
खाना उसे जो भूखा है
दवाइयाँ उस बीमार को जिसके पास अस्पताल की ओर ताकने तक
की न ताक़त है न सिक्के

जहाँ तक मेरा सवाल है तो धन्यवाद
बस आप मेरे कपड़े-लत्ते ही लौटा दें
तो ग़नीमत!